プリント形式のリアル過去問で本番の臨場感！

広島県
市立

広島中等教育学校

2025年 春 受験用

解 答 集

本書は，実物をなるべくそのままに，プリント形式で年度ごとに収録しています。
問題用紙を教科別に分けて使うことができるので，本番さながらの演習ができます。

■ 収録内容

・解答集(この冊子です)

　　書籍ＩＤ番号，この問題集の使い方，最新年度実物データ，リアル過去問の活用，
　　解答例と解説，ご使用にあたってのお願い・ご注意，お問い合わせ

・2024(令和６)年度 ～ 2020(令和２)年度　学力検査問題

○は収録あり　　年度	'24	'23	'22	'21	'20
■ 問題(適性検査)	○	○	○	○	○
■ 解答用紙	○	○	○	○	○
■ 配点					

全分野に解説
があります

注)問題文等非掲載:2024年度適性検査1の【問題1】と【問題2】,2023年
度適性検査1の【問題1】と【問題2】,2022年度適性検査1の【問題1】,2021
年度適性検査1の【問題2】,2020年度適性検査1の【問題2】

問題文などの非掲載につきまして

　著作権上の都合により，本書に収録している過去入試問題の本文や図表の一部を掲載しておりません。ご不便をおかけし，誠に申し訳ございません。

JN131780

教英出版

■ 書籍ID番号

入試に役立つダウンロード付録や学校情報などを随時更新して掲載しています。
教英出版ウェブサイトの「ご購入者様のページ」画面で，書籍ID番号を入力してご利用ください。

書籍ID番号　**106232**　▶　

（有効期限：2025年9月30日まで）

【入試に役立つダウンロード付録】
「要点のまとめ(国語／算数)」
「課題作文演習」ほか

■ この問題集の使い方

　年度ごとにプリント形式で収録しています。針を外して教科ごとに分けて使用します。①片側，②中央のどちらかでとじてありますので，下図を参考に，問題用紙と解答用紙に分けて準備をしましょう（解答用紙がない場合もあります）。

　針を外すときは，けがをしないように十分注意してください。また，針を外すと紛失しやすくなりますので気をつけましょう。

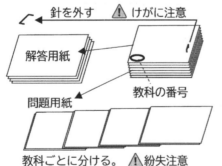

※教科数が上図と異なる場合があります。
　解答用紙がない場合や，問題と一体になっている場合があります。
　教科の番号は，教科ごとに分けるときの参考にしてください。

■ 最新年度 実物データ

　実物をなるべくそのままに編集していますが，収録の都合上，実際の試験問題とは異なる場合があります。実物のサイズ，様式は右表で確認してください。

問題用紙	A4冊子(二つ折り)
解答用紙	B4片面プリント

リアル過去問の活用

~リアル過去問なら入試本番で力を発揮することができる~

❀ 本番を体験しよう！

問題用紙の形式（縦向き／横向き），問題の配置や余白など，実物に近い紙面構成なので本番の臨場感が味わえます。まずはパラパラとめくって眺めてみてください。「これが志望校の入試問題なんだ！」と思えば入試に向けて気持ちが高まることでしょう。

❀ 入試を知ろう！

同じ教科の過去数年分の問題紙面を並べて，見比べてみましょう。

① 問題の量

毎年同じ大問数か，年によって違うのか，また全体の問題量はどのくらいか知っておきましょう。どのくらいのスピードで解けば時間内に終わるのか，大問ひとつにかけられる時間を計算してみましょう。

② 出題分野

よく出題されている分野とそうでない分野を見つけましょう。同じような問題が過去にも出題されていることに気がつくはずです。

③ 出題順序

得意な分野が毎年同じ大問番号で出題されていると分かれば，本番で取りこぼさないように先回りして解答することができるでしょう。

④ 解答方法

記述式か選択式か（マークシートか），見ておきましょう。記述式なら，単位まで書く必要があるかどうか，文字数はどのくらいかなど，細かいところまでチェックしておきましょう。計算過程を書く必要があるかどうかも重要です。

⑤ 問題の難易度

必ず正解したい基本問題，条件や指示の読み間違いといったケアレスミスに気をつけたい問題，後回しにしたほうがいい問題などをチェックしておきましょう。

❀ 問題を解こう！

志望校の入試傾向をつかんだら，問題を何度も解いていきましょう。ほかにも問題文の独特な言いまわしや，その学校独自の答え方を発見できることもあるでしょう。オリンピックや環境問題など，話題になった出来事を毎年出題する学校だと分かれば，日頃のニュースの見かたも変わってきます。

こうして志望校の入試傾向を知り対策を立てることこそが，過去問を解く最大の理由なのです。

❀ 実力を知ろう！

過去問を解くにあたって，得点はそれほど重要ではありません。大切なのは，志望校の過去問演習を通して，苦手な教科，苦手な分野を知ることです。苦手な教科，分野が分かったら，教科書や参考書に戻って重点的に学習する時間をつくりましょう。今の自分の実力を知れば，入試本番までの勉強の道すじが見えてきます。

❀ 試験に慣れよう！

入試では時間配分も重要です。本番で時間が足りなくなってあわてないように，リアル過去問で実戦演習をして，時間配分や出題パターンに慣れておきましょう。教科ごとに気持ちを切り替える練習もしておきましょう。

❀ 心を整えよう！

入試は誰でも緊張するものです。入試前日になったら，演習をやり尽くしたリアル過去問の表紙を眺めてみましょう。問題の内容を見る必要はもうありません。どんな形式だったかな？受験番号や氏名はどこに書くのかな？…ほんの少し見ておくだけでも，志望校の入試に向けて心の準備が整うことでしょう。

そして入試本番では，見慣れた問題紙面が緊張した心を落ち着かせてくれるはずです。

※まれに入試形式を変更する学校もありますが，条件はほかの受験生も同じです。心を整えてあせらずに問題に取りかかりましょう。

《解答例》

【問題1】〔問1〕ア　　〔問2〕その人が自らの経験の中で答えを見つけるまで黙って待つもの。　　〔問3〕イ

〔問4〕〈作文のポイント〉

・最初に自分の主張、立場を明確に決め、その内容に沿って書いていく。

・わかりやすい表現を心がける。自信のない表現や漢字は使わない。

さらにくわしい作文の書き方・作文例はこちら！→https://kyoei-syuppan.net/mobile/files/sakupo.html

【問題2】※〔問2〕(1)18歳選挙権導入直後の10歳代の投票率は，20歳代や30歳代より高かったが，その後低下し，最も投票率の低い20歳代とほぼ同じになっている。20歳代の投票率は，年代別で常に最も低く，これまでに40％をこえたことは一度もない。

※【問題2】の〔問1〕，〔問2〕(2)，〔問3〕は資料非公表のため，解答例は掲載しておりません。

《解　説》

【問題1】

著作権上の都合により文章を掲載しておりませんので、解説も掲載しておりません。ご不便をおかけし、誠に申し訳ございません。

【問題2】

〔問2〕(1)　若い世代の意見を政治に反映するために選挙権年齢の引き下げが行われたが，10歳代，20歳代の投票率は，他の年代の投票率よりはるかに低いものになっている。20歳代前半の人々の中には，転居したにもかかわらず，住所変更を行っていない大学生や社会人が多いことも考えられる。政治を身近に感じることができない若者が多く，自分の意見を政治に反映させようとする若者が少ないと考えられる。今後，この状態を打破するには，もっと別の政策を導入する必要もあると考えられる。例えば，「選挙権年齢と被選挙権年齢を同じにする」，「国会議員の定数を年代別に区切る」などの意見について考えてみることも必要かもしれない。意見を求められたときにすぐに答えられるように，日頃から自分の考えをまとめておこう。

《解答例》

【問題1】 〔問1〕8　　〔問2〕イ. 60　ウ. 480　エ. 27　オ. 1.728　カ. $\frac{216}{125}$　※〔問3〕ビッグ

【問題2】 〔問1〕あ. 68　い. 9600　う. 30200　え. 200　　〔問2〕A. 中学生　B. 大人　　〔問3〕38

〔問4〕すべての人が小学生以下のときに，入場料の合計は $200 \times 108 = 21600$（円）になる。実際の入場料の合計との差は $31100 - 21600 = 9500$（円）で，これは大人と小学生以下の入場料の差 $500 - 200 = 300$（円）でわりきれない

【問題3】 〔問1〕水温が5℃だ　　〔問2〕3，4　　〔問3〕イ. レタス　ウ. ダイズ　エ. 光

〔問4〕肥料を加えずに育てたダイズの重さと比べることができるから。

【問題4】 〔問1〕①17　②16　③14960　④935　　〔問2〕救急車が340m離れた地点を通過する瞬間は10時17秒で，このとき鳴った音がいちとさんに伝わるのは10時18秒だから，いちとさんはサイレンの音を18秒間聞くことになる。／18　　〔問3〕831

※の理由は解説を参照してください。

《解　説》

【問題1】

〔問1〕　ひろこさんのお父さんのタイは9.5kgで，いちとさんのタイは1.2kgだったので，$9.5 \div 1.2 = 7.9\cdots$ より，ひろこさんのお父さんのタイは，およそ8倍である。

〔問2〕　直方体の体積は，（縦）×（横）×（高さ）で求められるから，イは，$3 \times 5 \times 4 = 60$（cm³）である。ウは，$(3 \times 2) \times (5 \times 2) \times (4 \times 2) = 480$（cm³）である。形が同じで大きさだけが異なる立体について，すべての長さがa倍になると体積や重さはa×a×a（倍）になる。したがって，エは $3 \times 3 \times 3 = 27$（倍），オは $1.2 \times 1.2 \times 1.2 = 1.728$（倍）である。カは，$\frac{6}{5} \times \frac{6}{5} \times \frac{6}{5} = \frac{216}{125}$（倍）である。

〔問3〕　底面の直径を比べると，ビッグサイズは普通サイズの $8.75 \div 7 = 8\frac{3}{4} \div 7 = \frac{5}{4}$（倍）になっている。したがって，ビッグサイズの体積は普通サイズの，$\frac{5}{4} \times \frac{5}{4} \times \frac{5}{4} = \frac{125}{64}$（倍）になっている。値段は $300 \div 160 = \frac{15}{8}$（倍）で，$\frac{125}{64} > \frac{15}{8}$ なので，ビッグサイズは値段が増えている割合よりも体積が増えている割合の方が大きい。よって，ビッグサイズの方がお得である。

【問題2】

〔問1〕　入場者は全部で116人で，小学生以下の入場者数が48人だったので，あは，中学生と大人を合わせて，$116 - 48 = 68$（人）である。小学生以下の入場料は200円で，入場者数が48人だったので，いは，$200 \times 48 = 9600$（円）である。68人のうち，1人だけが大人で残りすべてが中学生だったとき，中学生の人数は $68 - 1 = 67$（人）だから，うの入場料の合計金額は，$500 \times 1 + 300 \times 67 + 9600 = 30200$（円）である。中学生が1人減って大人が1人増えると，入場料の差が $500 - 300 = 200$（円）なので，30200円から200円多くなる。（え）

〔問2〕　中学生と大人では，中学生の方が入場料が安いので，入場料の合計が一番少なくなるのは，残りの入場者がすべて中学生（A）だったとき，入場料の合計が一番多くなるのは，残りの入場者がすべて大人（B）だったときである。

〔問3〕　大人が1人，中学生が67人のときの入場料の合計は，36000円より $36000 - 30200 = 5800$（円）低い。中

学生が1人減って大人が1人増えると入場料の合計は200円高くなるから，中学生を5800÷200＝29(人)減らせばよい。よって，中学生の人数は，67－29＝38(人)である。

〔問4〕 問題文中の考え方や問3と同様に，つるかめ算の考え方を利用する。

【問題3】

〔問1〕 実験2と4では水温のみが違う(5℃と20℃)から，実験2と4の結果の違いは水温の違いによるものであると考えられる。実験2ではレタスもダイズもほとんど発芽せず，実験4ではレタスもダイズもほとんど発芽したから，水温が5℃だと発芽しにくいと言える。

〔問2〕 空気のありなしだけが違い，空気がある条件でよく発芽し，空気がない条件であまり発芽しなかった場合，発芽に空気が必要であると言える。

〔問3〕 レタスもダイズも最もよく発芽した実験4の結果と光のありなしだけが違う実験8を比べると，レタスは光がないと発芽した種の割合が下がったが，ダイズは光がなくても光があるときと同じくらい発芽したとわかる。

〔問4〕 肥料を加えずに育てたダイズの重さと比べて，野菜肥料や果物肥料を加えて育てたダイズの重さが重い場合，加えた肥料によってダイズがより成長した(加えた肥料に肥料としての効果があった)と言える。

【問題4】

〔問1〕 ①救急車が340m進むのにかかる時間は340÷20＝17(秒間)だから，いちとさんはサイレンの音を10時17秒まで聞くことになる。 ②10時1秒から10時17秒までの16秒間である。 ③サイレンが鳴っている時間は，救急車が340m進むのにかかった時間に等しく17秒間だから，ふるえの回数は880×17＝14960(回)である。
④14960÷16＝935(Hz)

〔問3〕 ふるえの回数は救急車が340m近づいてくるときと同じ14960回である。よって，14960÷18＝831.1…→831(Hz)である。

《解答例》

【問題1】〔問1〕(1)児童や生徒の間に，過度の緊張状態や差別意識，劣等感などを生み出すから。 (2)エ

〔問2〕(1)自分の得手不得手を知り，努力したことの成果を確認できること。 (2)ア．× イ．○ ウ．×

〔問3〕（例文）

　私は競争の順位付けに賛成だ。

　なぜなら，順位付けがあることで，自分の客観的な実力や努力の成果がわかるからだ。また，順位がわかるほうが目標を立てやすく，目標に向かってがんばるためのモチベーションも高まるからだ。

　たとえば，陸上競技で１００ｍ走を行う場合は，大会や練習ではっきりと順位がわかる。その結果，あの選手に勝ちたい，決勝に進出したいといった目標が生まれ，その目標を達成するために，一生けん命練習をする。そうした努力の成果が出ればうれしいし，出なければまた次に向けてがんばれる。いずれにしても，順位付けがあることで，モチベーションが高まる。

【問題2】〔問1〕食の多様化によって，自給率の高い米の消費が減り，肉類などの消費が増えたから。 〔問2〕資料非公開のため，解答例は掲載しておりません。 〔問3〕1993／夏の長雨で，稲が成長する７・８月の日照時間が不足し，気温も上がらなかったので，全国的に冷害による不作となったから。 〔問4〕ＡＩを活用することで，天候などに左右されにくくなり，安定した収穫が見込めるだけでなく，今まで国内栽培が難しかった農作物を栽培することができるようになるから。

《解　説》

【問題1】

　著作権上の都合により文章を掲載しておりませんので、解説も掲載しておりません。ご不便をおかけし、誠に申し訳ございません。

【問題2】

　〔問1〕　〈資料1〉より，米の消費量が大きく減って，肉類の消費量が大きく増えていること，〈資料2〉より，米の自給率は1965年から変わらず100％に近いこと，肉類の自給率は1965年から低く，2020年になるとさらに低くなっていることが読み取れる。日本の食料自給率が低下した理由として他にも，輸入の自由化により，国内であまり生産されていない果実の消費が増えたことや，漁業の衰退により，外国産の安い魚介類が多く輸入されるようになったことなど，さまざまな理由が考えられる。

　〔問3〕　稲の栽培には高温多湿な気候が適しており，稲の成長に適した降水量・日照時間・気温が必要となる。〈資料4〉より，初夏に田植えが行われ，稲は夏に成長することが読み取れるので，夏に上記の条件がそろわず不作となることがある。〈資料5〉〈資料6〉において，それぞれ夏の値に注目すると，1993年には夏の降水量が多く，日照時間が短いことが読み取れる。降水量が多いということは，雨の日が多いので雲が多く，日照時間は短くなる。1993年には天候不順による冷害によって深刻な米不足がおこり，「平成の米騒動」といわれた。

　〔問4〕　解答例以外にも，農業や漁業では働き手の減少が課題となっており，ロボットやＡＩなどを用いることで，労働力不足を補って生産力を上げられることも期待できる。

《解答例》

【問題1】〔問1〕5　　〔問2〕12個，18個　　〔問3〕3個，5個，6個

【問題2】〔問1〕もらっている人…107　もらってない人…93

〔問2〕右表　お小遣いの平均…901

〔問3〕3598〔別解〕3596，3597，3599，3600，3601

金額	仮の金額 (円)	割合 (%)	人数 (人)
2000円以上	3000	16.5	33
1000～2000円未満	1500	17.5	35
500~1000円未満	750	19.0	38
1~500円未満	250	0.5	1
なし	0	46.5	93
計		100.0	200

【問題3】〔問1〕15　　〔問2〕⑨，⑩　　〔問3〕右図

〔問4〕3段目の4個分の重さは糸から左側へ24 cm

にかかり，1段目と2段目の12個分の重さは右端まで8 cm

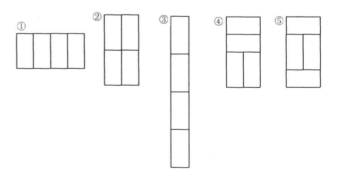

3段目

【問題4】〔問1〕【ア】光合成で作ったでんぷん　【イ】呼吸で使ったでんぷん　　〔問2〕【ウ】光合成による二酸

化炭素の増加量　【エ】呼吸による二酸化炭素の減少量　　〔問3〕0

〔問4〕段階1…4.0×24＝96.0　段階2…8.0＋4.0＝12.0　段階3…光合成によって作られるでんぷんの量

が1日に呼吸によって使われるでんぷんの量以上であれば，植物は枯れないので，1日最低96.0÷12.0＝8

（時間），光を当てる必要がある。

《解　説》

【問題1】

〔問1〕　向きを変えると同じ並べ方

になる並べ方をしないように注意する。

求める並べ方は，右図の5通りある。

〔問2〕　フェンスの個数は長方形に並べたプランターの周りの長さと等しいことに注目する。

①の周りの長さは(2×1＋1×4)×2＝12

②の周りの長さは(2×2＋1×2)×2＝12

③の周りの長さは(2×4＋1×1)×2＝18

④と⑤の周りの長さは②と同じ形だから12で等しい。

よって，必要なフェンスの個数は12個，18個である。

〔問3〕　フェンスが14個のとき，プランターの周りの長さも14だから，長方形の(縦の長さ＋横の長さ)＝

14÷2＝7である。このとき，考えられる長方形の縦の長さと横の長さは，(縦，横)＝(1，6)，(2，5)，

（3，4）の3通り（ただし，縦と横を入れかえただけのものは除く）である。長方形の縦と横の長さが同じであれば，長方形の面積が等しいので，並べるプランターの個数は等しい。よって，この3通りでそれぞれ必要なプランターの個数を求めればよい。

上の3通りで長方形の面積はそれぞれ1×6＝6，2×5＝10，3×4＝12となり，プランター1つの面積が1×2＝2だから，並べることができるプランターの個数は6÷2＝3（個），10÷2＝5（個），12÷2＝6（個）である。

【問題2】

〔問1〕　お小遣いをもらっていない人は200人の46.5％だから，200×0.465＝93（人）である。

よって，お小遣いをもらっている人は200－93＝107（人）である。

〔問2〕　1000円から2000円未満のときの仮の金額は(1000＋2000)÷2＝1500（円），500円から1000円未満のときの仮の金額は(500＋1000)÷2＝750（円）となる。

また，お小遣いの金額が2000円以上の人の割合は16.5％だから，200×0.165＝33（人），1000円から2000円未満の人の割合は17.5％だから，200×0.175＝35（人），500円から1000円未満の人の割合は19％だから，200×0.19＝38（人），1～500円未満の人の割合は0.5％だから，200×0.005＝1（人）である。

次に，それぞれの金額の範囲で，お小遣いの合計は(仮の金額)×(人数)として求めることができる。例えば，お小遣いが2000円以上の人の仮の金額は3000円であり，33人だから，お小遣いが2000円以上の人の合計金額は3000×33＝99000（円）である。同様にして，お小遣いが1000円から2000円未満の人の合計金額は1500×35＝52500（円），お小遣いが500円から1000円未満の人の合計金額は750×38＝28500（円），お小遣いが1円から500円未満の人の合計金額は250×1＝250（円）だから，200人のお小遣いの平均金額は，(99000＋52500＋28500＋250)÷200＝901.25（円）より，小数第一位を四捨五入して，901円である。

〔問3〕　200人のお小遣いの金額の平均が1000円になるとき，合計金額は1000×200＝200000（円）である。

このとき，お小遣いが2000円以上の人の合計金額が200000－(52500＋28500＋250)＝200000－81250＝118750（円）となればよいので，仮の金額は118750÷33＝3598.4…（円）より，3598円とすればよい。

なお，3596円以上3601円以下であれば条件に合う。

【問題3】

〔問1〕　てこをかたむけるはたらき〔おもりの重さ(g)×支点からの距離(cm)〕が左右で等しくなるときにつり合う。てこを左にかたむけるはたらきは20×30＝600だから，右にかたむけるはたらきも600になるような糸から棒の右端までの距離は600÷40＝15（cm）となる。

〔問2〕　図4では，糸に対して左右に等しい距離にある③と④がつり合う。同様に考えて，図7では⑨と⑩がつり合う。

〔問3〕　〔問2〕で選んでいない⑤～⑧が1・2段目のモビールとつり合う。

〔問4〕　ひろこさんの3回目の発言を参考にしよう。3段目の⑤～⑧の4個分の重さは，⑤～⑧の中央（⑥と⑦の間）にかかるので，糸から左側へ24cmにかかり，1段目と2段目の12個分の重さは右端まで8cmの距離にあるから，てこを左にかたむけるはたらきは4×24＝96，右にかたむけるはたらきは12×8＝96となり，たしかに，てこのきまりが成り立っている。

【問題4】

〔問1〕　直前のひろこさんの光合成で作ったでんぷんを呼吸で使っているのだから，でんぷんを成長するために

使えないのではないかという疑問に対していちとさんが答えている部分。「光合成で作ったでんぷん」の量と「呼吸で使ったでんぷん」の量を比べればわかると言ったと考えられる。

〔問2〕　植物が光合成をすることによって二酸化炭素は減少し、呼吸をすることによって二酸化炭素は増加する。二酸化炭素の変化量が0ということは、「光合成による二酸化炭素の増加量」と「呼吸による二酸化炭素の減少量」が等しいということである。

〔問3〕　光の強さが0のとき、植物は光合成を行わず呼吸のみを行うので、このときの二酸化炭素の変化量が呼吸による二酸化炭素の増加量である。

〔問4〕　光の強さが0のときの二酸化炭素の増加量4.0が1時間の呼吸による二酸化炭素の増加量である。よって、1日→24時間の呼吸による二酸化炭素の増加量は4.0×24＝96である。次に光の強さが90のときの1時間の二酸化炭素の減少量は8.0で、1時間の呼吸による二酸化炭素の増加量が4.0だから、1時間の光合成による二酸化炭素の減少量は8.0＋4.0＝12.0となる。光合成による二酸化炭素の減少量が1日(24時間)の呼吸による二酸化炭素の増加量以上になれば、植物は枯れない。よって、1日最低96.0÷12.0＝8(時間)光を当てる必要がある。

《解答例》

【問題1】〔問1〕(1)音声や動画は理解を深めるために有効だ。／自動採点が可能なドリルは指導に役立つ。／外国人や障害のある子どもの支援に有効だ。などから1つ　(2)Ⅰ．ウ　Ⅱ．ア　Ⅲ．イ　(3)ウ

〔問2〕（例文）

　デジタル教科書を推進する際の問題点は，タブレットのこわれやすさと，児童・生徒の視力低下だと考える。

　タブレットを使う時は，こわさないように十分注意しているが，それでも落としたり，ぶつけたり，水がかかってしまったりすることはある。タブレットを製造するメーカーが，子どもたちの声をたくさん集め，それらをもとに，想定されるこわれやすい場面に広く対応できる製品を開発することで，問題を解決できると考える。タブレットを長時間使っていると，目のつかれを感じる。視力の低下を防ぐには，タブレットと目とのきょりをはなしたり，時間を決めて目を休ませたりする方法が有効だと考える。また，ブルーライト対策メガネをかけることも予防になると思う。

【問題2】〔問1〕医療費の大部分を税金と社会保険料で賄うため，患者負担は軽い。　　〔問2〕寿命がのびたため，医療保険給付を受ける高齢者が増えている。　　〔問3〕少子高齢化の進行により，社会保険料を納める働く世代が減っている一方で，医療保険給付を受ける高齢者が増えているため，現役世代の負担が増加している。今後は，給付と負担のバランスを確保しながら，予防や自立支援に重点をおいていくべきある。健康的に働ける寿命がのびれば，社会保障給付費の増大を抑えていくことができるからである。

《解　説》

【問題1】

〔問1〕(1)　文章〈A〉の後半で「理解を深めるために有効な動画など～英語の正しい発音を聞いたり，理科の実験映像を見たりする機能も～認めたらどうか」「自動採点が可能なドリル教材で習熟度を測り指導に役立てる」「有識者会議は，音声などを活用した教育のデジタル化は，外国人や障害のある子どもの支援にも有効だと指摘する」と述べていることから，良い面が読み取れる。　　(2)Ⅰ　Ⅰ の2段落前で「議論開始当初は～『デジタル化』を改革の柱に掲げたこともあって，積極活用へと傾いたが，検証を重ねて慎重に進める姿勢に転じたことは評価できる」，文章〈B〉の最後で「デジタル化ありきではなく，山積する課題に一つ一つ丁寧に向き合うことが重要だ」と述べていることから，デジタル化の推進を目的とするのではなく，その教育効果を見きわめ，良い活用方法を検討することが大事だという主張が読み取れる。よって，ウが適する。　　Ⅱ　直前で「記憶や理解にはデジタルより紙の方が優れているという研究結果」が取り上げられ，直後に「デジタルは副教材として併用しながら」とあるので，ア「紙の教科書」が適する。　　Ⅲ　文章〈B〉の3段落目に，「報告書」では「紙の教科書と適切に組み合わせる重要性も指摘した」とある。また，Ⅲ の次の行で「紙の廃止を推奨していると誤解されないよう」と述べている。よって，イ「紙とデジタルの併用」が適する。　　(3)　文章〈B〉には「学校現場では～児童が～接続できず，授業が遅れる混乱も起きている」（後ろから4段落目）とあるが，文章〈A〉ではこの点について述べていない。よって，ウが適切でない。

〔問2〕　２つの問題点のうち，「１つは，文章〈Ａ〉〈Ｂ〉に書かれていないもの」であることに注意しよう。自分で実際に使っている時に感じることをもとに考えると，具体的な解決方法を書きやすいだろう。

【問題２】

〔問1〕　医療保険が適用されるので，超高額薬でも患者の負担は少ないことに着目する。公的医療保険は現役世代の患者負担が３割であり，年収 500 万円の人が 3000 万円以上の治療薬を使っても 40 万円程度の負担で済む。

〔問2〕　〈資料２〉より，日本の医療費は増加傾向にあり，2018 年は 1990 年よりも 20 兆円以上増えていることが読み取れる。〈資料３〉より，2018 年の男女の寿命が 1990 年よりも５歳ほど増えていることが読み取れる。

〔問3〕　〈資料４〉より，高齢化に伴って社会保障給付費が増加していることが読み取れる。〈資料５〉より，税収の不足を補うための公債が増加していることが読み取れる。日本は４人に１人が 65 歳以上の超高齢社会であり，高齢者１人を支える現役世代の負担は，胴上げ型(多人数：１)→騎馬戦型(少人数：１)→肩車型(１：１)へと変化している。そのため，今後は高齢者の生活習慣病の予防などに力を入れて，健康寿命をのばす取組が必要である。

《解答例》

【問題1】〔問1〕【ア】①　【イ】速く回転するわね　〔問2〕下図　〔問3〕下図

　　　〔問4〕［電気製品／説明］［せん風機／スイッチの位置によって風の強さを切り替えることができる。］

　　　［ホットプレート／スイッチの位置によって鉄板の温度を切り替えることができる。］などから1つ

【問題2】〔問1〕表面の亜鉛が酸素と結びつくことで，内部の鉄が酸素と結びつきにくくなる。

　　　〔問2〕(1)3：2　(2)下グラフ　(3)酸素と結びついているか結びついていないかにかかわらず一定である。

【問題3】〔問1〕20／下図　〔問2〕14　〔問3〕『あ』，『い』，『そ』，『た』のうち1つ

【問題4】〔問1〕月　〔問2〕イ．金　ウ．土　※〔問3〕金

※の考え方は解説を参照してください。

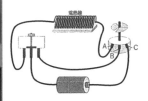

【問題1】〔問2〕の図

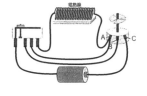

【問題1】〔問3〕の図

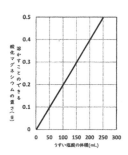

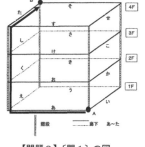

【問題3】〔問1〕の図

《解　説》

【問題1】

〔問1〕　スイッチの段階が2のときには電池1個がつながり，スイッチの段階が3のときには電池2個が直列つなぎに，スイッチの段階が4のときには電池3個が直列つなぎになる。直列つなぎの電池の数が増えると，モーターに流れる電流が強くなり，モーターが速く回転する。

〔問2〕　解答例の図では，スイッチを左にしたときには温かく強い風を送り，スイッチを真ん中にしたときにはオフになり，スイッチを右にしたときには温まっていない弱い風を送る。

〔問3〕　解答例の図では，段階1のときにはオフになり，段階2のときには温かくない弱い風を送り，段階3のときには温かくない強い風を送り，段階4のときには温かく強い風を送る。

【問題2】

〔問1〕　表面の亜鉛が酸素と結びつくことで酸化物の膜（まく）ができ，それにより内部の鉄が酸素と結びつきにくくなる。また，傷がついて内部の鉄が雨ざらしになったときにも，まわりの亜鉛が先に溶（と）けることで，鉄がさびるのを防ぐはたらきもある。このためトタンは屋外で使われることが多い。

〔問2〕(1)　0.6gのマグネシウムを燃やすと1.0gの酸化マグネシウムが生じるから，結びついた酸素の重さは1.0−0.6＝0.4（g）である。よって，マグネシウム：酸素＝0.6：0.4＝3：2である。　　(2)　うすい塩酸が50mLのときに溶けた酸化マグネシウムは0.4−0.3＝0.1（g）であり，同様に考えると，うすい塩酸の体積が50mL増えるごとに溶かすことのできる酸化マグネシウムの重さが0.1gずつ増えると考えられる。入れた酸化マグネシウムが

0.4 g だから，うすい塩酸の体積が200mLと250mLのときで溶け残った酸化マグネシウムの重さが0 g で同じになっているが，うすい塩酸250mLには酸化マグネシウムが0.5 g まで溶かすことができることに注意しよう。　　(3)　図2より，0.3 g のマグネシウムを溶かすのに必要な塩酸の体積は250mLである。図1より，0.3 g のマグネシウムから生じる酸化マグネシウムは0.5 g であり，図3より，0.5 g の酸化マグネシウムを溶かすのに必要な塩酸の体積も250mLである。つまり，図1～3より，0.3 g のマグネシウムを溶かすのに必要な塩酸の体積と，0.3 g のマグネシウムをふくむ酸化マグネシウムを溶かすのに必要な塩酸の体積がどちらも250mLであることがわかる。

【問題3】

〔問1〕　ある分岐点への行き方の数は，その分岐点の右の分岐点までの行き方の数と，その分岐点の手前の分岐点までの行き方の数と，その分岐点の下の分岐点までの行き方の数の和に等しくなる。したがって，それぞれの分岐点への行き方の数は図 i のようになるから，Bへの行き方は20通りある。

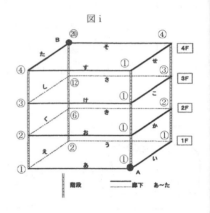

図 i

〔別の解き方〕AからBへ最短距離で行くには，左に1回，奥に1回，上に3回，計5回の移動を行えばよい。1回目～5回目の5回の移動のうち左への移動と奥への移動がそれぞれ何回目かが決まれば，残りの移動はすべて上の移動にすればよい。左への移動の順番の選び方は5通りあり，奥への移動の順番の選び方はそれ以外の4通りある。
よって，Bへ行く方法は全部で，5×4＝20(通り)

〔問2〕　問1と同様に考える。図 ii のようにBの行く方法は14通りある。

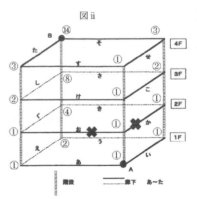

図 ii

〔別の解き方〕Bへ行く方法20通りから，『お』を通る方法の数と，『か』を通る方法の数を引けばよい。

『お』を通る方法は，上→左と移動したあと，残りの3回の移動のうち奥への移動の順番の選び方と等しいから，3通りある。

『か』を通る方法の数も同様に3通りある。

よって，求める行く方法の数は，20－3－3＝14(通り)

〔問3〕　その廊下を通ってBへ行く方法が4通りある廊下を，1つ1つ調べて探していく。

『あ』を通って行く方法は図 iii のように4通りある。同様に，『い』を通って行く方法も4通りある。

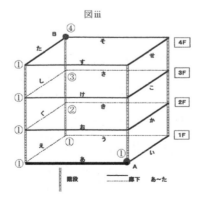

図 iii

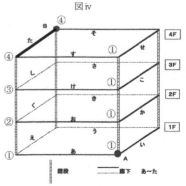

図 iv

『た』を通って行く方法は図 iv のように4通りある。同様に，『そ』を通って行く方法も4通りある。

よって，『あ』『い』『そ』『た』のうち1つを答えればよい。

〔別の解き方〕『あ』を通って行く方法は，1回目に左で2～5回目のいずれかで奥に行くから，4通りある。

『お』を通って行く方法は，まず上→左で，3～5回目のいずれかで奥に行くから，3通りある。

『け』を通って行く方法は，まず上→上→左で，4～5回目のいずれかで奥に行くから，2通りある。

『す』を通って行く方法は，上→上→上→左→奥の1通りある。

同様に考えると，『え』を通って行く方法は1通り，『く』を通って行く方法は2取り，『し』を通って行く方法は3通り，『た』を通って行く方法は4通りある。

【問題4】

〔問1〕 2022年は平年(うるう年ではない年)なので，1年後＝365日後である。365÷7＝52余り1より，2022年1月16日(日曜日)の1年後は，日曜日から1つ曜日が進んだ月曜日である。

〔問2〕 問1より，1年後の同じ日の曜日は1つ曜日が進むことがわかる。ただし，うるう年の2月29日をまたぐ場合は，2つ曜日が進む。2024年も平年として考えると，2022年1月16日(日曜日)の5年後は，日曜日から5つ曜日が進んだ_ィ金曜日となる。実際は2024年がうるう年で，その分だけ曜日がさらに1つ進むので，2022年1月16日(日曜日)の5年後は，日曜日から5＋1＝6(つ)曜日が進んだ_ゥ土曜日となる。

〔問3〕 どの年から数え始めても4でわり切れる年は4年に1回だから，2023年～2522年のうち，4でわり切れる年は500÷4＝125(回)ある。また，2023年～2522年のうち，100でわり切れて400でわり切れない年は，2100年，2200年，2300年，2500年の4回ある。したがって，うるう年は125－4＝121(回)ある。

よって，2522年1月16日は，日曜日から500＋121＝621だけ曜日が進む。

621÷7＝88余り5より，求める曜日は，日曜日から5つ曜日が進んだ金曜日となる。

《解答例》

【問題1】〔問1〕（例文）東日本大震災での福島第一原子力発電所の事故を受けて，原子力発電による発電量はほとんどゼロになった

〔問2〕発電コストが高い

〔問3〕燃料の可採年数に限りがあり，多くの二酸化炭素を排出する

〔問4〕（例文）資源のほとんどを輸入している日本は，特定の資源に頼らないエネルギーミックスをしていけばよい。その中で化石燃料を使った発電を徐々に減らしながら，再生可能エネルギーによる発電を増やしていくべきだ。原子力発電は，発電後に出る核のごみの処理と廃炉の方法を決め，地震対策を万全にしてから運転を始める必要がある。

【問題2】〔問1〕「読解力」は，書き手の意図を読み取る力でしかなく，「リーディングリテラシー」は，読み取った上で自由に自分の意見を述べ，次の行動に結びつける力である。

〔問2〕長い文章を読む習慣があまりないから。

〔問3〕（例文）

　〈A〉の文章では，日本の教育では，他人の文章をもとに，自分の考えを表現し主張する訓練をしてこなかったことにふれ，表現力を高めるには，国語力の定義を見直し，自分の考えを論理的に伝える力をもっと評価していく必要があると述べている。〈B〉の文章では，国語力の基礎は文章を読むというインプットにあり，表現力を伸ばすためには，インプットを増やし，国語力を高めることが必要だと述べている。

　私は，表現力を伸ばすために，学校の授業において文章を読む機会を増やすべきだと思う。読解力や国語の基本的な知識を身につけるためには，もっと文章を読む必要があるからだ。また，自分の考えを書く機会を増やし，書いたものを添削することも必要だと思う。表現力を伸ばすためには，実際に自分の考えを書いてみることが不可欠だからだ。さらにそれを他の人に見てもらうことで，表現力がみがかれると思う。

《解　説》

【問題1】

〔問1〕　解答例の「原子力発電による発電量はほとんどゼロになった」を「石炭・天然ガスなどの発電量は急増した」にしても良い。直後にゆうとくんが「発電方法の危険性が大きく報じられた」と言っていること，資料4で2015年における原子力発電量の割合が急減したことに着目する。2011年の東日本大震災では，太平洋沿岸部に立地していた福島第一原子力発電所で放射能漏れの事故が起こった。この事故を受け，全国の原子力発電所が安全点検のため一時稼働を停止した。その結果，不足する電力分を火力発電でまかなうようになった。

〔問2〕　資料3より，太陽光や風力の発電方法では1時間に20円以上かかり，石炭（化石燃料）の2倍近く高い。太陽光や風力などの発電方法は，地球温暖化の原因となる二酸化炭素などの温室効果ガスをほとんど発生させないため，地球環境に優しいエネルギーとして注目されている。一方で，発電コストが高くなること，設置場所が限られること，天候などの影響を受けやすいことなどが原因で，日本の発電電力量全体における比率は低い。

〔問3〕　化石燃料について，資料5からは可採年数に限りがあること，資料3からは二酸化炭素を大量に排出することがわかる。一方，太陽光や風力などは半永久的に使えるため，再生可能エネルギーと呼ばれる。

〔問4〕　二酸化炭素排出量が多い日本は，海外から輸入した石油・石炭などの化石燃料での発電に依存しているという課題，脱炭素化に向けた再生可能エネルギー発電への転換という解決策をまとめればよい。原子力発電については，大量の放射線が放出されると原発周辺の土壌や海洋が汚染されるため，多くの人間や動物が被害にあうことから考えよう。

【問題2】

〔問1〕　——線部①をふくむ文で，「つまり日本における『読解力』は，書き手の意図を読み取る力でしかありません」と説明している。また，——線部②をふくむ文では，「英語の『リーディングリテラシー』は，読み取った上で自由に自分の意見を述べ，次の行動に結びつけることを指します」と述べている。この2文からまとめればよい。

〔問2〕・〔問3〕　著作権に関係する弊社（へいしゃ）の都合により本文を非掲載（ひけいさい）としておりますので，解説を省略させていただきます。ご不便をおかけし申し訳ございませんが，ご了承（りょうしょう）ください。

《解答例》

【問題1】〔問1〕1024 〔問2〕【ア】20 【イ】30 70億個をこえるのは…33 ※〔問3〕38

【問題2】〔問1〕(ア)1 (イ)2 (ウエオ)423 〔問2〕「2イート，1バイト」にならない理由…3個の数字を並べるので，聞かれた3個の数字のうち2個の数字の場所があっていて，残り1個が使われているのであれば，その1個の数字は場所があっているから。 「0イート，0バイト」にならない理由…5個の数字から3個を使って3けたの数を作るので，使われていない数字は2個しかなく，聞かれた数字が3個とも使われていないことはないから。 〔問3〕435，234，135，513 のうち1つ

【問題3】〔問1〕216 ※〔問2〕272 〔問3〕抜き取った積み木の番号(小さい順)…1，3，4，6，7，9 表面積…248 ※の考え方や求め方は解説を参照してください。

《解 説》

【問題1】

〔問1〕 5分後は16×2＝32(個)，6分後は32×2＝64(個)，…となるから，10分後は64×2×2×2×2＝1024(個)になる。

〔問2〕 薬をふりかけてから10分ごとに1000倍になるので，1000000÷1000＝1000より，10＋10＝ア20(分後)にどら焼きは100万個，1000000000÷1000000＝1000より，20＋10＝イ30(分後)にどら焼きは10億個になる。そこから，1分ごとにどら焼きは20億個，40億個，80億個，…と増えていくので，70億個をこえるのは，薬をふりかけてから30＋3＝33(分後)である。

〔問3〕 下線部②の会話の続きから，10回切るごとに分けられた紙の厚みは1000倍になると考える。よって，紙の厚みは，20回切ると6.4×1000＝6400(cm)，つまり64mになり，30回切ると64×1000＝64000(m)，つまり64kmになり，40回切ると64×1000＝64000(km)になる。この時点で12700kmをこえているので，40回から1回ずつ切る回数を減らすと，紙の厚みは，39回のとき64000÷2＝32000(km)，38回のとき32000÷2＝16000(km)，37回のとき16000÷2＝8000(km)となるので，求める回数は38回である。

【問題2】

〔問1〕 542と452は，2は使われていて場所もあっていて，4と5は使われていて場所はちがっているので，「(ア)1イート(イ)2バイト」となる。ひろしくんが出した練習問題の数字は，2と3と4がすべて使われている。そのような数字は，234，243，324，342，423，432の6通りある。そのうち，練習問題の数字は2と3と4の場所がそれぞれ342とは違う場所にあるから，そのような数字を探すと，234と(ウエオ)423が見つかる。

〔問2〕 例えば，答えが123の場合を考える。聞かれた数字が「2イート1バイト」となるとき，聞かれた数字は1，2，3が使われていて，そのうち2つは場所も同じである。この場合，2つの場所が同じことから，残り1つの場所も同じだとわかり，それは「3イート」(正解)を意味するので，「2イート1バイト」となることはない。使われていないカードは4と5の2枚なので，聞かれた3つの数字のうち，必ず1つは4と5以外の数字となる。その数が「1イート」または「1バイト」を表すから，「0イート0バイト」となることはない。

〔問3〕 あてはまる数字を「○△□」と表す。

あてはまる数字は，第1問より「３４１」のうち2個の数字が使われていて，第2問より「５３２」のうち2個の数字が使われていることがわかる。「３４１」と「５３２」に共通している数字は3だけなので，あてはまる数字は3を必ず使っていることがわかる。また，3以外に使っている数字は，1または4のどちらかと，2または5のどちらかである。

第1問より3は一番左の場所ではないとわかるので，「○3□」か「○△3」となる。

「○3□」の場合，この時点で第1問では「1バイト」，第2問では「1イート」となる。

第1問，第2問ともにあと「1バイト」だけほしいので，そのような○と□の組み合わせを探すと，「４３５」「２３４」「１３５」が見つかる。

「○△3」の場合，この時点で第1問，第2問ともに「1バイト」となる。第2問であと「1イート」ほしいので，「５△3」とすると，第1問であと「1バイト」ほしいので，「５１３」となる。

【問題3】

〔問1〕　図3を前後左右上下から見たときに見える図の面積と，
その6方向からは見えない部分の面積の合計を求めればよい。

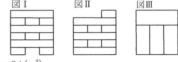

前後から見ると，図Iのようになるので，面積は，$(1 \times 6) \times 6 - 1 \times 2 = 34$(cm²)

左右から見ると，図IIのようになるので，面積は，$(1 \times 5) \times 6 + 1 \times 2 = 32$(cm²)

上から見ると，図IIIのようになる(下から見ても面積は同じ)ので，面積は，$6 \times 6 = 36$(cm²)

6方向から見えない部分は，1cm×6cmの面2つ分あるから，表面積は，

$(34 + 32 + 36) \times 2 + (1 \times 6) \times 2 = 216$(cm²)

〔問2〕　〔問1〕と同じように考える。色つき部分には積み木が置か
れていないものとする。

前後から見ると，図iのようになるので，面積は，$6 \times 6 - (1 \times 2) \times 2 = 32$(cm²)

左右から見ると，図iiのようになるので，面積は，$6 \times 6 - 1 \times 2 = 34$(cm²)

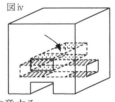

上から見ると，図iiiのようになる(下から見ても面積は同じ)ので，面積は，$6 \times 6 = 36$(cm²)

6方向から見えない部分は，1cm×6cmの面6つ分と，2cm×2cmの面が，図ivの
斜線部分と色つき部分の8つ分ある。矢印で示した部分(この立体の内部の真ん中に
ある，2cm×2cmの部分)の面積は，下から見たときに見える面積にふくまれることに注意する。

よって，この立体の表面積は，$(32 + 34 + 36) \times 2 + (1 \times 6) \times 6 + (2 \times 2) \times 8 = 204 + 36 + 32 = 272$(cm²)

〔問3〕　各段の真ん中の積み木(2，5，8，11)を取ると表面積を求めるのが大変に
なるので，下の段から順番に両端の積み木を取るようにする。取る積み木は全部で
$2 \times 3 = 6$(個)なので，1，3，4，6，7，9の積み木を取ると，図アのようになる。

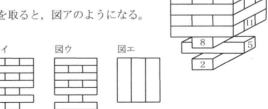

この立体を前後から見ると，図イのようになるので，
面積は，$7 \times 6 - (1 \times 2) \times 4 = 34$(cm²)

左右から見ると，図ウのようになるので，面積は，
$7 \times 6 - (1 \times 2) \times 2 = 38$(cm²)

上から見ると，図エのようになる(下から見ても面積は同じ)ので，面積は，$6 \times 6 = 36$(cm²)

6方向から見えない部分は，2cm×2cmの面8つ分ある(2，5，8，11の積み木に2つずつある)。

よって，表面積は，$(34 + 38 + 36) \times 2 + (2 \times 2) \times 8 = 248$(cm²)

解答例以外にも，積み木の取り方はいくつかある。

《解答例》

【問題1】〔問1〕(1)メスシリンダーに水を入れて目もりを読み取る。次にガラス玉を水が入ったメスシリンダーに入れて再び目もりを読み取る。増加した値がガラス玉の体積である。

(2)2.5 g／㎤　　〔問2〕(1)同じ重さである。　(2)綿の方が軽い。

〔問3〕(1)氷の同じ体積での質量である密度が水よりも小さいから，氷は水に浮く。　(2)暖められた空気は，質量は変わらずに体積が大きくなるので，まわりの空気と比べて密度が小さくなって，天井付近に移動する。　〔問4〕(1)右グラフ　(2)計算式…40÷20＝2　答え…2 g／L

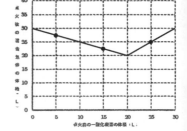

【問題2】〔問1〕(1)口から入ったでんぷんが消化管を通る間に，口，すい臓などから出る消化液によって，小腸で吸収されやすい，小さいつぶになる反応。　(2)丸をつける…できない　色または理由…試験管Bにだ液と塩酸を加えたため，でんぷんの変化がどちらのはたらきによるものなのかわからないから。

〔問2〕小腸で吸収された栄養分を肝臓へ運ぶはたらき。　〔問3〕名前…肺　はたらき…血液中に酸素をとりこみ，血液中から二酸化炭素をとり出すはたらき。

〔問4〕心臓自体に酸素や栄養分を運ぶはたらき。

【問題3】〔問1〕ふりこの長さ　〔問2〕右図　〔問3〕測定ご差を小さくする

〔問4〕〔実験番号／2本目の釘の位置〕　〔⑨／80〕，〔⑧／40〕

長さ

《解　説》

【問題1】

〔問1〕(1)　最初にメスシリンダーに入れる水の量を計算しやすい量にする。また，水が少なすぎてガラス玉が完全に水の中に入らないと，ガラス玉の体積が測定できない。　(2)　〔密度（ g／㎤）＝質量（ g）÷体積（㎤）〕より，ガラス玉の密度は120÷48＝2.5（ g／㎤）となる。

〔問2〕(1)　鉄1 kgと綿1 kgの質量はどちらも1 kgだから，どちらも同じ重さである。　(2)　密度は同じ体積での質量だから，鉄1 kgの体積よりも綿1 kgの体積の方が大きいことから，鉄の密度よりも，綿の密度の方が小さく，鉄よりも，綿の方が軽い。

〔問3〕(1)　固体の（同じ体積での質量＝）密度が液体よりも大きいとき，固体は液体に沈み，固体の密度が液体よりも小さいとき，固体は液体に浮く。コップに水と氷を入れると，氷は水に浮くのは，固体の氷の密度が液体の水の密度よりも小さいからである。　(2)　暖められた空気は（質量は変わらずに）体積が大きくなって，まわりの空気と比べて密度が小さくなるので，天井付近に移動する。新たな空気が流れこんで暖められて，天井付近に移動することをくり返す空気の流れができることで，やがて部屋全体が暖まる熱の伝わり方を対流という。

〔問4〕(1)　表1より，点火後の混合気体の体積は，一酸化炭素の体積が5Lのとき22.5＋5＝27.5（L），一酸化炭素の体積が15Lのとき7.5＋15＝22.5（L），一酸化炭素の体積が25Lのとき15＋10＝25（L）となる。また，一酸化炭素5Lと，酸素25−22.5＝2.5（L）が反応することがわかるので，反応する体積比は，一酸化炭素：酸素＝5：2.5＝2：1であり，一酸化炭素20Lと酸素10Lがちょうど反応する。ちょうど反応するときの点火後の混合気体の体積が最も小さくなるように折れ曲がるグラフを書けばよい。　(2)　図1より，点火前の一酸化炭素の体

積が 20 L のとき，点火後に残った気体 40 g はすべて二酸化炭素である。また，⑴のグラフより，一酸化炭素 20 L では 20 L の二酸化炭素が発生する。したがって，二酸化炭素の密度は 40÷20＝2（g／L）となる。

【問題２】

〔問１〕⑴ 口から入った食べ物が消化液によって，小腸で吸収されやすいように小さいつぶになることを消化という。でんぷんは口のだ液，すい臓のすい液などのはたらきで消化され，最終的にブドウ糖になって，小腸で吸収される。 ⑵ ある条件が必要かどうかを調べるとき，その条件以外を同じにして結果を比べる実験を対照実験という。うすいでんぷんの液の中に試験管Ａでは水を，試験管Ｂではだ液と塩酸を加えたので，試験管Ａと比べて試験管Ｂではだ液と塩酸の２つの条件がことなり，うすいでんぷん液の変化が何によるものかわからない。

〔問２〕小腸で吸収された栄養分は血管イ（門脈という）を通って臓器ア（肝臓）へ送られる。

〔問３〕血液中の酸素と二酸化炭素の交かんは，肺で行われるので，肺に流れ込む血液は二酸化炭素が多く，肺から流れ出る血液は酸素が多い。

〔問４〕心臓自体に栄養分や酸素を運ぶ血管を冠動脈という。

【問題３】

〔問１〕表１より，ふりこの長さの条件だけがことなる①，⑦，⑧，⑨のふりこが 10 往復するのにかかった時間を比べると，ふりこの長さが長いほど，ふりこが 10 往復するのにかかった時間が長いことがわかる。

〔問２〕ふりこの長さは，ふりこの糸が固定されている点（支点）から，おもりの重さがかかる点までの長さである。球形のおもりでは，おもりの重さはおもりの中心にかかる。

〔問３〕測定ご差を小さくするために，10 往復する時間を 10 で割って１往復の時間を求める。

〔問４〕１往復の時間が２秒（10 往復の時間が 20 秒）になるのは，表１でふりこが 10 往復するのにかかった時間の和が 40 秒になるとき，つまり，ふりこの長さが⑨の 140 cm と 60 cm になるときか，⑧の 120 cm と 80 cm になるときである。したがって，⑨のときは２本目の釘を１本目から真下に 140－60＝80（cm），⑧のときは２本目の釘を１本目から真下に 120－80＝40（cm）の点に打てばよい。

《解答例》

【問題1】〔問1〕A．出国日本人　B．5.3　〔問2〕（例文）アジアからの旅行者の割合が最も高い点は共通するが，南北アメリカ・ヨーロッパからの旅行者の割合が高い点は異なっている。　〔問3〕（例文）行きたい場所をピクトグラムで見て探し，その下に書かれた英語で日本語の質問の意味を理解し，日本人に見せながら尋ねた。

【問題2】〔問1〕起こす　〔問2〕A．モノ別　B．場所別　〔問3〕「こんまりメソッド」の良い点は，同じカテゴリーのモノをまとめて一気に判断することで，最短で片づけを進められる点です。場所別に捨てはじめると，あとから同じカテゴリーのモノがバラバラ出てきて二度手間になり，時間がかかるうえに正確な判断ができず，やる気が失われかねません。収納からすべて出して一か所に集め，「ときめき」を基準に，残すか捨てるかを見極めていきましょう。　〔問4〕①自分がときめきを感じるモノを選ぼう。　②2つの筆箱の中身を，同じ机の上に，1つ残らず出して広げる。　③ア，シ　④イ，コ　⑤ウ，エ，ク，ス　⑥オ，カ，サ　⑦キ，ケ　⑧（例）シ，コ，ウ，ス，サ，キ　〔問5〕（例文）【イ】を入れずに【コ】を入れた方が授業やテストの時に目盛りを読みやすいと思うからです。

《解　説》

【問題1】

〔問1〕（A）　2014年まで，出国日本人数は1500万人前後であるのに対し，訪日外国人旅行者数は1000万人前後である。　（B）　2017年の訪日外国人旅行者数のうち，広島市を訪れた人の割合は，152÷2869×100＝5.29…（％）だから，小数第2位を四捨五入して5.3％になる。

〔問2〕　広島市を訪れる外国人旅行者の出身地域において，アジア・南北アメリカ・ヨーロッパの割合がそれぞれ20％以上であることに着目し，訪日外国人旅行者のほとんどがアジアから訪れていることと対比する。広島市には原爆ドームや平和記念資料館などがあるため，アメリカやフランスからの旅行者が特に多い。

〔問3〕　外国人旅行者からの問い合わせが多い飲食店や交通機関などの情報について，所在地や行き方をまとめた観光パンフレットを作成して，コミュニケーションをスムーズにとれるようにしている。ピクトグラムを載せればひと目見て何を表現しているのかわかるため，日本語や英語のわからない人でも情報手段として活用することができる。

【問題2】

著作権に関係する弊社（へいしゃ）の都合により本文を非掲載（ひけいさい）としておりますので、解説を省略させていただきます。ご不便をおかけし申し訳ございませんが、ご了承（りょうしょう）ください。

《解答例》

【問題1】〔問1〕3　　〔問2〕3　同じ色の組合せ…①と⑤と⑥, ②と④, ③と⑦　　〔問3〕右図

【問題2】〔問1〕780　※〔問2〕984　　〔問3〕54, 32〔別解〕(43, 44) (32, 56) (21, 68) (10, 80)

【問題3】〔問1〕サイコロの位置…N　サイコロの上面…1　　〔問2〕10

　　　　〔問3〕4→2→3→5〔別解〕2→4→5→3

※の考え方は解説を参照してください。

《解　説》

【問題1】

〔問1〕　右図のように各県に記号をおく。⑦, ①, ⑤のように3つの県どうしがそれ

ぞれとなりあっているとき, その3つの県は異なる色でぬらなければならない。

一番多くの県ととなりあっている県から色をぬると考えやすいので, ⑤に赤色をぬる

ことにする。このとき, ⑦, ①, ⑤, ④にぬるのは赤色以外になり, この4県のうち,

3県以上の県どうしがとなりあっていることはないので, ⑦, ①, ⑤, ④は赤色以外の2色でぬり分けることが

できる(⑦と⑤, ①と④を同じ色でぬる)。よって, 必要な色の種類は, 1＋2＝3 (色)である。

〔問2〕　問1と同様に考える。⑥に赤色をぬると, 右図のように色をぬり分けられる。

①, ⑤はそれぞれ青色, 黄色でぬられた府県ととなりあっているので, 赤色でぬれば

よい。よって, 必要な種類は3色であり, 同じ色になる組み合わせは, ①と⑤と⑥,

②と④, ③と⑦である。

〔問3〕　右図Ⅰのように, 4つの色をぬる場所どうしがそれぞれとなり

あっているとき, その4つの場所は, 異なる色でぬらなければならない。

図Ⅰのような状態をつくるように, ⑥の中に1本線をひくと, 解答例のよ

うになる。また, 右図Ⅱのように線をひくと, ⓐ, ⓑ, ④, ⑦がそれぞれとなりあっている

ので, この4つの場所を異なる色でぬる。このように, 線のひき方は他にもいくつかある。

図Ⅰ

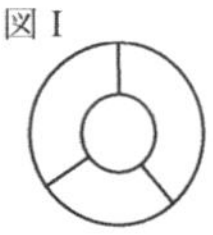

図Ⅱ

【問題2】

〔問1〕　冷蔵庫とエアコンの1年間の電気の使用量の比は, 18：13だから, エアコンの電気の使用量は,

冷蔵庫の$\frac{13}{18}$倍である。よって, 求める電気の使用量は, $1080×\frac{13}{18}＝780$(キロワット時)である。

〔問2〕　付けかえる前の照明器具の1年間の電気の使用量は, 冷蔵庫の$\frac{20}{18}＝\frac{10}{9}$(倍)だから,

$1080×\frac{10}{9}＝1200$(キロワット時)である。また, 照明器具の30%＝$\frac{3}{10}$がLED照明になることで, 60%＝$\frac{3}{5}$が節約

できるので, 節約できる電気の使用量は, 全体の$\frac{3}{10}×\frac{3}{5}＝\frac{9}{50}$である。したがって, 求める電気の使用量は,

$1200×(1-\frac{9}{50})＝1200×\frac{41}{50}＝984$(キロワット時)である。

〔問3〕　テレビの1年間の電気の使用量は, $1080×\frac{11}{18}＝660$(キロワット時)である。照明器具について, LED

照明に付けかえる割合を1%増やすごとに, $1200×\frac{1}{100}×\frac{3}{5}＝7.2$(キロワット時)節約でき, テレビの使用量を

1%減らすごとに660×$\frac{1}{100}$＝6.6(キロワット時)節約できる。よって，ＬＥＤ照明に付けかえる割合を□％とし，テレビの使用量を△％減らすと，節約できる電気の使用量は，7.2×□＋6.6×△(キロワット時)となるから，これがちょうど600キロワット時になるような，□と△に入る整数を探す。

△は30以上だから，ちょうど30とすると，7.2×□＋6.6×30＝600　　　7.2×□＝600－198

□＝402÷7.2＝55余り6　　　つまり，□＝55，△＝30とすると，600キロワット時に6キロワット時足りない。この状態から□を1減らすと足りない分が7.2キロワット時増えるから，6に7.2を足していき，6.6の倍数になるところを探すと，6＋7.2＝13.2が6.6の倍数とわかる。よって，□＝55－1＝54のとき13.2キロワット時足りないから，△を13.2÷6.6＝2増やして30＋2＝32とすれば，7.2×54＋6.6×32＝600となる。したがって，照明器具のうち54％をＬＥＤに付けかえ，テレビの電気の使用量を32％減らせばよい。

なお，7.2：6.6＝12：11より，7.2×11＝6.6×12となるので，□＝54，△＝32から，□の数を11減らし△の数を12増やしても，合計の値は変わらない。よって，(□，△)の組み合わせは，(54，32)以外に，(43，44)，(32，56)，(21，68)，(10，80)がある。

【問題３】

〔問１〕　右図ⅰの矢印のように移動するので，移動させたサイコロの位置は，Ｎである。

最初にある位置から転がしていくイメージで面の向きを考えると大変なので，最後に上になる面だけに注目し，最初の位置に戻(もど)ったときにその面がどの向きを向いているかを考える。置いたサイコロの各面を図ⅱのように表

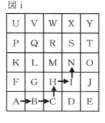

すと，Ｎで上を向いていた面は，サイコロをＮからＡに戻すと，上の面→前の面→前の面→下の面→右の面→上の面，と変化する。よって，求める数字は，図２の状態で上の面の目の数字の1である。

〔問２〕　Ａからある位置への行き方の数は，その位置の左側の位置までの行き方の数と，その位置の下側の位置までの行き方の数の和に等しくなる。したがって，それぞれの位置への行き方の数は右図のようになるから，Ｒへの行き方は10通りある。

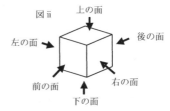

〔問３〕　1回目に投げた10円硬貨が表のとき，サイコロはＢに移動する(上の面は4)。ここから，次に表が出ると，上の面が6になるので，最後に上の面が6となるのは，10円硬貨が，表裏裏裏表となるときである。このとき，サイコロは右図Ⅰのように移動する(マスの数字は上の面の数である)。上の面に1～6の目が

すべて出るので，条件に合う。1回目に投げた10円硬貨が裏のとき，サイコロはＦに移動する(上の面は2)。ここから，次に裏が出ると，上の面が6になるので，最後に上の面が6となるのは，10円硬貨が，裏表表表裏となるときである。このとき，サイコロは図Ⅱのように移動し，上の面に1～6の目がすべて出るので，条件に合う。よって，上の面の数は，1→4→2→3→5→6か1→2→4→5→3→6である。

《解答例》

【問題1】〔問1〕A．石灰水　変化…白くにごる。

　　　　〔問2〕(1)酸素95％，二酸化炭素5％　(2)酸素が15％以下
で火が消える。　　　〔問3〕ちっ素85％，酸素10％，二酸
化炭素5％　　　〔問4〕右グラフ　　　〔問5〕実験結果を
疑ってはいけないということ。

【問題2】〔問1〕(1)血管a　(2)血管aは血管bと比べて，血管のかべ
が厚くなっているから。　　　〔問2〕(1)対物レンズとメダカ
がぶつかならいようにするため。　　　(2)メダカが水にとけた酸
素を体内に取り込むことができ，メダカを生かしたまま観察
できるから。

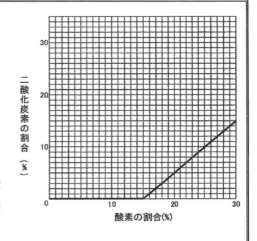

【問題3】〔問1〕記号…オ　理由…川の曲がった場所では，水の流れが速い外側に小さな粒の土砂はたい積しにくく，
河口付近では，小さな粒の土砂ほど水の流れによって遠くまで運ばれるから。　　　〔問2〕イ，エ，オ

《解　説》

【問題1】

〔問1〕　石灰水は，二酸化炭素を通すと白くにごる。

〔問2〕　組成が，ちっ素80％，酸素20％の混合気体で実験したとき，ろうそくの火が消えたあとの混合気体の組
成が，ちっ素80％，酸素15％，二酸化炭素5％に変わったことから考える。酸素と二酸化炭素の割合に着目すると，
二酸化炭素が5％以上になったこと，または，酸素が15％以下になったことなどが，ろうそくの火が消えた原因と
して考えられる。したがって，予想1では，ろうそくが燃えるのに必要な酸素が十分にあっても二酸化炭素が5％
以上になるとろうそくの火が消えることを確かめるために，混合気体の組成を，酸素95％，二酸化炭素5％にすれ
ばよい。また，予想2では，混合気体の組成を，（ちっ素85％，）酸素15％にしているので，酸素が15％以下になる
とろうそくの火が消えると予想したと考えられる。

〔問3〕　予想1が正しいとすると，酸素が不足することについては考えなくてよいので，酸素15％のうちの5％
が二酸化炭素になったところで，ろうそくの火が消えるということである。

〔問4〕　予想2が正しいとすると，ろうそくを入れる前の酸素の割合が0％～15％のときは，集気びんに入れた
瞬 間にろうそくの火が消えるので二酸化炭素の割合は0％のままである。ろうそくを入れる前の酸素の割合が
15％より大きくなると，15％との差の分だけ二酸化炭素の割合が大きくなる。したがって，
(酸素の割合，二酸化炭素の割合)＝(20％，5％)，(25％，10％)，(30％，15％)などの点を通るグラフになる。

〔問5〕　実験結果が予想と違っても，予想に合わせて実験結果を修正してはいけない。なぜ，予想と違ったのか，
条件をすべて見直して，実験をくり返し行う。それでも実験結果が予想と異なるのであれば，予想が間違っている
ということである。

【問題2】

〔問1〕　心臓から送り出される血液は非常に勢いがあるから，血管のかべが厚くないと，その勢いにたえられない。また，心臓へもどってくる血液は勢いがなくなっているから，血液の逆流を防ぐ仕組み(弁)がある血管bが，心臓へもどってくる血液を流している血管だと考えられる。

〔問2〕(1)　ピントを合わせるには，接眼レンズをのぞいていなければならない。この状態では，対物レンズからメダカまでの距離（きょり）がわからないため，対物レンズがメダカに近づくようにしてピントを合わせると，対物レンズとメダカがぶつかってしまう可能性がある。　　(2)　メダカの血液の流れを観察するのが目的である。メダカが死んでしまっては，血液の流れを観察することができなくなる。

【問題3】

〔問1〕　水の流れには，しん食，運ぱん，たい積の3つのはたらきがある。ここでは，流れる水の運ぱん作用とたい積作用に着目する。水の流れが速いほど，運ぱん作用が大きく，たい積作用が小さい。川の曲がった場所では，内側で水の流れがおそく，外側で水の流れが速い。このため，内側では小さな粒（つぶ）の土砂がたい積しやすく，外側では小さな粒の土砂は流されてしまう。また，河口付近で川を流れてきた土砂が海に流れ込むとき，大きな粒の(重い)土砂はすぐにたい積するが，小さな粒の(軽い)土砂は遠くまで運ばれる。

〔問2〕　ア×…2mm以上の土砂はれきであり，れきは範囲（はんい）あでしん食される。　イ○…水底を作っている土砂がけずられる(水底に止まっていた土砂が動き始める)のは範囲あである。　ウ×…流れている土砂がたい積していくのは，範囲うである。　エ○…流れている土砂がたい積していくのは範囲うだから，範囲う以外で流れている土砂がたい積することはない。　オ○…範囲あでは，止まっていた土砂の粒が動き始め(しん食され)，流れていた土砂の粒はそのまま流され続ける(運ぱんされる)。　カ×…一番おそい水の流れでけずられて，しん食されやすい(一番おそい水の流れで範囲あに入る)のは，砂である。

■ ご使用にあたってのお願い・ご注意

（1）問題文等の非掲載

　著作権上の都合により，問題文や図表などの一部を掲載できない場合があります。

　誠に申し訳ございませんが，ご了承くださいますようお願いいたします。

（2）過去問における時事性

　過去問題集は，学習指導要領の改訂や社会状況の変化，新たな発見などにより，現在とは異なる表記や解説になっている場合があります。過去問の特性上，出題当時のままで出版していますので，あらかじめご了承ください。

（3）配点

　学校等から配点が公表されている場合は，記載しています。公表されていない場合は，記載していません。

　独自の予想配点は，出題者の意図と異なる場合があり，お客様が学習するうえで誤った判断をしてしまう恐れがあるため記載していません。

（4）無断複製等の禁止

　購入された個人のお客様が，ご家庭でご自身またはご家族の学習のためにコピーをすることは可能ですが，それ以外の目的でコピー，スキャン，転載（ブログ，ＳＮＳなどでの公開を含みます）などをすることは法律により禁止されています。学校や学習塾などで，児童生徒のためにコピーをして使用することも法律により禁止されています。

　ご不明な点や，違法な疑いのある行為を確認された場合は，弊社までご連絡ください。

（5）けがに注意

　この問題集は針を外して使用します。針を外すときは，けがをしないように注意してください。また，表紙カバーや問題用紙の端で手指を傷つけないように十分注意してください。

（6）正誤

　制作には万全を期しておりますが，万が一誤りなどがございましたら，弊社までご連絡ください。

　なお，誤りが判明した場合は，弊社ウェブサイトの「ご購入者様のページ」に掲載しておりますので，そちらもご確認ください。

■ お問い合わせ

　解答例，解説，印刷，製本など，問題集発行におけるすべての責任は弊社にあります。

　ご不明な点がございましたら，弊社ウェブサイトの「お問い合わせ」フォームよりご連絡ください。迅速に対応いたしますが，営業日の都合で回答に数日を要する場合があります。

　ご入力いただいたメールアドレス宛に自動返信メールをお送りしています。自動返信メールが届かない場合は，「よくある質問」の「メールの問い合わせに対し返信がありません。」の項目をご確認ください。

　また弊社営業日（平日）は，午前9時から午後5時まで，電話でのお問い合わせも受け付けています。

2025 春

株式会社教英出版

〒422-8054　静岡県静岡市駿河区南安倍3丁目 12-28

TEL　054-288-2131　　FAX　054-288-2133

URL　https://kyoei-syuppan.net/

MAIL　siteform@kyoei-syuppan.net

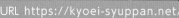

教英出版 2025年春受験用 中学入試問題集

学校別問題集
★はカラー問題対応

神奈川県

① [県立] 相模原中等教育学校／平塚中等教育学校
② [市立] 南高等学校附属中学校
③ [市立] 横浜サイエンスフロンティア高等学校附属中学校
④ [市立] 川崎高等学校附属中学校
❀⑤ 聖光学院中学校
❀⑥ 浅野中学校
⑦ 洗足学園中学校
⑧ 法政大学第二中学校
⑨ 逗子開成中学校（1次）
⑩ 逗子開成中学校（2・3次）
⑪ 神奈川大学附属中学校（第1回）
⑫ 神奈川大学附属中学校（第2・3回）
⑬ 栄光学園中学校
⑭ フェリス女学院中学校

新潟県

① [県立] 村上中等教育学校／柏崎翔洋中等教育学校／燕中等教育学校／津南中等教育学校／直江津中等教育学校／佐渡中等教育学校
② [市立] 高志中等教育学校
③ 新潟第一中学校
④ 新潟明訓中学校

石川県

① [県立] 金沢錦丘中学校
② 星稜中学校

福井県

① [県立] 高志中学校

山梨県

① 山梨英和中学校
② 山梨学院中学校
③ 駿台甲府中学校

長野県

① [県立] 屋代高等学校附属中学校／諏訪清陵高等学校附属中学校
② [市立] 長野中学校

岐阜県

① 岐阜東中学校
② 鶯谷中学校
③ 岐阜聖徳学園大学附属中学校

静岡県

① [国立] 静岡大学教育学部附属中学校（静岡・島田・浜松）
② [県立] 清水南高等学校中等部／[県立] 浜松西高等学校中等部／[市立] 沼津高等学校中等部
③ 不二聖心女子学院中学校
④ 日本大学三島中学校
⑤ 加藤学園暁秀中学校
⑥ 星陵中学校
⑦ 東海大学付属静岡翔洋高等学校中等部
⑧ 静岡サレジオ中学校
⑨ 静岡英和女学院中学校
⑩ 静岡雙葉中学校
⑪ 静岡聖光学院中学校
⑫ 静岡学園中学校
⑬ 静岡大成中学校
⑭ 城南静岡中学校
⑮ 静岡北中学校
⑯ 常葉大学附属常葉中学校／常葉大学附属橘中学校／常葉大学附属菊川中学校
⑰ 藤枝明誠中学校
⑱ 浜松開誠館中学校
⑲ 静岡県西遠女子学園中学校
⑳ 浜松日体中学校
㉑ 浜松学芸中学校

愛知県

① [国立] 愛知教育大学附属名古屋中学校
② 愛知淑徳中学校
③ 名古屋経済大学市邨中学校／名古屋経済大学高蔵中学校
④ 金城学院中学校
⑤ 椙山女学園中学校
⑥ 東海中学校
⑦ 南山中学校男子部
⑧ 南山中学校女子部
⑨ 聖霊中学校
⑩ 滝中学校
⑪ 名古屋中学校
⑫ 大成中学校

⑬ 愛知中学校
⑭ 星城中学校
⑮ 名古屋葵大学中学校（名古屋女子大学中学校）
⑯ 愛知工業大学名電中学校
⑰ 海陽中等教育学校（特別給費生）
⑱ 海陽中等教育学校（Ⅰ・Ⅱ）
⑲ 中部大学春日丘中学校
新刊⑳ 名古屋国際中学校

三重県

① [国立] 三重大学教育学部附属中学校
② 暁中学校
③ 海星中学校
④ 四日市メリノール学院中学校
⑤ 高田中学校
⑥ セントヨゼフ女子学園中学校
⑦ 三重中学校
⑧ 皇學館中学校
⑨ 鈴鹿中等教育学校
⑩ 津田学園中学校

滋賀県

① [国立] 滋賀大学教育学部附属中学校
② [県立] 河瀬中学校／守山中学校／水口東中学校

京都府

① [国立] 京都教育大学附属桃山中学校
② [府立] 洛北高等学校附属中学校
③ [府立] 園部高等学校附属中学校
④ [府立] 福知山高等学校附属中学校
⑤ [府立] 南陽高等学校附属中学校
⑥ [市立] 西京高等学校附属中学校
⑦ 同志社中学校
⑧ 洛星中学校
⑨ 洛南高等学校附属中学校
⑩ 立命館中学校
⑪ 同志社国際中学校
⑫ 同志社女子中学校（前期日程）
⑬ 同志社女子中学校（後期日程）

大阪府

① [国立] 大阪教育大学附属天王寺中学校
② [国立] 大阪教育大学附属平野中学校
③ [国立] 大阪教育大学附属池田中学校

④[府立]富田林中学校
⑤[府立]咲くやこの花中学校
⑥[府立]水都国際中学校
⑦清風中学校
⑧高槻中学校（Ａ日程）
⑨高槻中学校（Ｂ日程）
⑩明星中学校
⑪大阪女学院中学校
⑫大谷中学校
⑬四天王寺中学校
⑭帝塚山学院中学校
⑮大阪国際中学校
⑯大阪桐蔭中学校
⑰開明中学校
⑱関西大学第一中学校
⑲近畿大学附属中学校
⑳金蘭千里中学校
㉑金光八尾中学校
㉒清風南海中学校
㉓帝塚山学院泉ヶ丘中学校
㉔同志社香里中学校
㉕初芝立命館中学校
㉖関西大学中等部
㉗大阪星光学院中学校

兵　庫　県
①[国立]神戸大学附属中等教育学校
②[県立]兵庫県立大学附属中学校
③雲雀丘学園中学校
④関西学院中学部
⑤神戸女学院中学部
⑥甲陽学院中学校
⑦甲南中学校
⑧甲南女子中学校
⑨灘中学校
⑩親和中学校
⑪神戸海星女子学院中学校
⑫滝川中学校
⑬啓明学院中学校
⑭三田学園中学校
⑮淳心学院中学校
⑯仁川学院中学校
⑰六甲学院中学校
⑱須磨学園中学校（第1回入試）
⑲須磨学園中学校（第2回入試）
⑳須磨学園中学校（第3回入試）
㉑白陵中学校

㉒夙川中学校

奈　良　県
①[国立]奈良女子大学附属中等教育学校
②[国立]奈良教育大学附属中学校
③[県立] 国際中学校／青翔中学校
④[市立]一条高等学校附属中学校
⑤帝塚山中学校
⑥東大寺学園中学校
⑦奈良学園中学校
⑧西大和学園中学校

和　歌　山　県
①[県立] 古佐田丘中学校／向陽中学校／桐蔭中学校／日高高等学校附属中学校／田辺中学校
②智辯学園和歌山中学校
③近畿大学附属和歌山中学校
④開智中学校

岡　山　県
①[県立]岡山操山中学校
②[県立]倉敷天城中学校
③[県立]岡山大安寺中等教育学校
④[県立]津山中学校
⑤岡山中学校
⑥清心中学校
⑦岡山白陵中学校
⑧金光学園中学校
⑨就実中学校
⑩岡山理科大学附属中学校
⑪山陽学園中学校

広　島　県
①[国立]広島大学附属中学校
②[国立]広島大学附属福山中学校
③[県立]広島中学校
④[県立]三次中学校
⑤[県立]広島叡智学園中学校
⑥[市立]広島中等教育学校
⑦[市立]福山中学校
⑧広島学院中学校
⑨広島女学院中学校
⑩修道中学校

⑪崇徳中学校
⑫比治山女子中学校
⑬福山暁の星女子中学校
⑭安田女子中学校
⑮広島なぎさ中学校
⑯広島城北中学校
⑰近畿大学附属広島中学校福山校
⑱盈進中学校
⑲如水館中学校
⑳ノートルダム清心中学校
㉑銀河学院中学校
㉒近畿大学附属広島中学校東広島校
㉓ＡＩＣＪ中学校
㉔広島国際学院中学校
㉕広島修道大学ひろしま協創中学校

山　口　県
①[県立] 下関中等教育学校／高森みどり中学校
②野田学園中学校

徳　島　県
①[県立] 富岡東中学校／川島中学校／城ノ内中等教育学校
②徳島文理中学校

香　川　県
①大手前丸亀中学校
②香川誠陵中学校

愛　媛　県
①[県立] 今治東中等教育学校／松山西中等教育学校
②愛光中学校
③済美平成中等教育学校
④新田青雲中等教育学校

高　知　県
①[県立] 安芸中学校／高知国際中学校／中村中学校

福岡県

① [国立] 福岡教育大学附属中学校
（福岡・小倉・久留米）

② [県立]
育徳館中学校
門司学園中学校
宗像中学校
嘉穂高等学校附属中学校
輝翔館中等教育学校

③ 西南学院中学校
④ 上智福岡中学校
⑤ 福岡女学院中学校
⑥ 福岡雙葉中学校
⑦ 照曜館中学校
⑧ 筑紫女学園中学校
⑨ 敬愛中学校
⑩ 久留米大学附設中学校
⑪ 飯塚日新館中学校
⑫ 明治学園中学校
⑬ 小倉日新館中学校
⑭ 久留米信愛中学校
⑮ 中村学園女子中学校
⑯ 福岡大学附属大濠中学校
⑰ 筑陽学園中学校
⑱ 九州国際大学付属中学校
⑲ 博多女子中学校
⑳ 東福岡自彊館中学校
㉑ 八女学院中学校

佐賀県

① [県立]
香楠中学校
致遠館中学校
唐津東中学校
武雄青陵中学校

② 弘学館中学校
③ 東明館中学校
④ 佐賀清和中学校
⑤ 成穎中学校
⑥ 早稲田佐賀中学校

長崎県

① [県立]
長崎東中学校
佐世保北中学校
諫早高等学校附属中学校

② 青雲中学校
③ 長崎南山中学校
④ 長崎日本大学中学校
⑤ 海星中学校

熊本県

① [県立]
玉名高等学校附属中学校
宇土中学校
八代中学校

② 真和中学校
③ 九州学院中学校
④ ルーテル学院中学校
⑤ 熊本信愛女学院中学校
⑥ 熊本マリスト学園中学校
⑦ 熊本学園大学付属中学校

大分県

① [県立] 大分豊府中学校
② 岩田中学校

宮崎県

① [県立] 五ヶ瀬中等教育学校

② [県立]
宮崎西高等学校附属中学校
都城泉ヶ丘高等学校附属中学校

③ 宮崎日本大学中学校
④ 日向学院中学校
⑤ 宮崎第一中学校

鹿児島県

① [県立] 楠隼中学校
② [市立] 鹿児島玉龍中学校
③ 鹿児島修学館中学校
④ ラ・サール中学校
⑤ 志學館中等部

沖縄県

① [県立]
与勝緑が丘中学校
開邦中学校
球陽中学校
名護高等学校附属桜中学校

もっと過去問シリーズ

北海道

北嶺中学校
7年分（算数・理科・社会）

静岡県

静岡大学教育学部附属中学校
（静岡・島田・浜松）
10年分（算数）

愛知県

愛知淑徳中学校
7年分（算数・理科・社会）
東海中学校
7年分（算数・理科・社会）
南山中学校男子部
7年分（算数・理科・社会）

南山中学校女子部
7年分（算数・理科・社会）
滝中学校
7年分（算数・理科・社会）
名古屋中学校
7年分（算数・理科・社会）

岡山県

岡山白陵中学校
7年分（算数・理科）

広島県

広島大学附属中学校
7年分（算数・理科・社会）
広島大学附属福山中学校
7年分（算数・理科・社会）
広島学院中学校
7年分（算数・理科・社会）
広島女学院中学校
7年分（算数・理科・社会）
修道中学校
7年分（算数・理科・社会）
ノートルダム清心中学校
7年分（算数・理科・社会）

愛媛県

愛光中学校
7年分（算数・理科・社会）

福岡県

福岡教育大学附属中学校
（福岡・小倉・久留米）
7年分（算数・理科・社会）
西南学院中学校
7年分（算数・理科・社会）
久留米大学附設中学校
7年分（算数・理科・社会）
福岡大学附属大濠中学校
7年分（算数・理科・社会）

佐賀県

早稲田佐賀中学校
7年分（算数・理科・社会）

長崎県

青雲中学校
7年分（算数・理科・社会）

鹿児島県

ラ・サール中学校
7年分（算数・理科・社会）

※もっと過去問シリーズは
国語の収録はありません。

K 教英出版

〒422-8054
静岡県静岡市駿河区南安倍3丁目12-28
TEL 054-288-2131
FAX 054-288-2133

詳しくは教英出版で検索

教英出版　| 検索
URL https://kyoei-syuppan.net/

令和6年度

広島市立広島中等教育学校入学者選抜

適 性 検 査 1　 問題用紙

【検査にあたって】

・ 「始め」の合図があるまでは，開いて問題を見てはいけません。

・ 検査問題は，1ページから11ページまであります。

・ 答えは，すべて解答用紙に書きなさい。解答用紙は2枚あります。

・ 「始め」の合図があってから，問題用紙のページ数を確かめ，問題用紙の表紙およ
　 び解答用紙2枚ともに受検番号を書きなさい。

・ 問題用紙のページ数が足りなかったり，やぶれていたり，印刷の悪いところがあった
　 場合は，静かに手をあげなさい。

・ 「やめ」の合図があったら，筆記用具を置き，机の中央に，問題用紙，解答用紙
　 （2枚目），解答用紙（1枚目）の順に（表）を上にして置きなさい。

・ この検査の時間は，50分間です。

・ 問題用紙は，持ち帰ってはいけません。

・ 文章で答える問題は，句読点や記号も1字と数えます。

♯教英出版 編集部　注
　 編集の都合上、解答用紙は表裏1枚にまとめてあります。

受 検 番 号

【問題1】
　次の〈A〉,〈B〉の文章を読んで,あとの問いに答えなさい。

〈A〉

お詫び：著作権上の都合により，掲載しておりません。
ご不便をおかけし，誠に申し訳ございません。
教英出版

1

（引用元：日経 BP 2022 年 12 月 26 日より作成）
https://project.nikkeibp.co.jp/pc/atcl/19/08/28/00031/122100119

※1　アプリ…特別な使い道や目的のために作られた，スマホやタブレットを動かすための機能。

※2　YouTube…ユーチューブ。動画共有サービスの一つ。

※3　ユーザー…利用者。

※4　チャプター…動画等を一定の長さや内容で区切ったもの。

※5　配信者…インターネット上の決められた場で，文章や音声，動画を公開する人。

※6　世界観…作品が持つ雰囲気や状況設定。

※7　ディスク…ビデオ同様，音声や動画を記憶させるもの。

※8　プレーヤー…ビデオやディスクの音声や動画を再生するための装置。

※9　スキップ…飛ばして先へ進むこと。

〈B〉

お詫び：著作権上の都合により，掲載しておりません。
ご不便をおかけし，誠に申し訳ございません。
教英出版

（引用元：『中央公論』中央公論新社 2023 年 7 月号より作成）

3

※1　AI…人間の知的行動をコンピュータに行わせる技術。

※2　仮初…その場限りの一時的なこと。

※3　付随…ある物事が他の物事について起こること。

※4　恋愛哲学…「恋愛とはこういうものである」というその人独自の考え。

※5　七つの海…太平洋，大西洋，インド洋をはじめとした全世界の海。

※6　とうとうと…止まることなく流れるように進む様子。

〔問1〕

　文章〈A〉の下線部「タイパを上げる使い方」として，文章〈A〉に書かれている内容と一致しないものを，次のア〜オから一つ選び，記号で答えなさい。

　ア　高い満足度を得られる番組を視聴すること。
　イ　切り抜き動画を視聴すること。
　ウ　見たい箇所から視聴できるサービスを選ぶこと。
　エ　再生速度を上げて視聴すること。
　オ　見たい箇所だけを見るためにスキップすること。

〔問2〕

　文章〈B〉の下線部「ここで言う沈黙には意志が必要だからです。」の「意志」とは具体的にはどのようなものですか。文章〈B〉の語句を使って30字以内で書きなさい。

〔問3〕

　文章〈B〉の空欄①〜⑤に入る語の組み合わせとして適切なものを，次のア〜エから一つ選び，記号で答えなさい。

　ア　　①同じ　　②同じ　　③違う　　④違う　　⑤違う
　イ　　①同じ　　②同じ　　③同じ　　④違う　　⑤同じ
　ウ　　①違う　　②違う　　③同じ　　④同じ　　⑤違う
　エ　　①違う　　②違う　　③違う　　④同じ　　⑤同じ

〔問4〕

　文章〈A〉・〈B〉では，情報を効率的に取得することについて述べられていますが，あなたは学習や趣味，スポーツなどにおいて，効率を求めることについてどう考えますか。賛成・反対どちらかの立場に立って，その理由や具体例を示しながら，240字以上300字以内で書きなさい。

4

このページは白紙です。

5

【問題2】

いちとさんとひろこさんのクラスでは，社会科の授業で「わたしたちのくらしと政治」について学習しました。そこで，「政治」とは「選挙で選ばれた人たちなどが，よりよい社会にするために必要なことを決定し，実現すること」であるとわかりました。そして，「政治」についてより深く考えるために，資料を持ち寄ることになりました。

先　　生「『政治』について考えるための資料は用意しましたか。まずは，いちとさん。」

いちとさん「僕は，政治に対する日本人の意識についての調査をさがしてきました。この調査は，日本人のものの見方や考え方を知るために（ ＊ ）が1973年から5年ごとに実施しています。今回，僕が用意した資料は，2018年に実施した第10回の調査の内容をまとめたものです。」

先　　生「いちとさんは，どうしてその資料を用意しましたか。」

いちとさん「国民の行動や意見と政治との関係についての調査があったからです。

質問は，

①国民が選挙で投票することが，国の政治にどの程度影響を及ぼしていると思うか

②デモ（要望や主張を訴えるための集会や行進）や陳情・請願（要望や意見を伝えること）をすることが国の政治にどの程度影響を及ぼしていると思うか

③国の政治が世論（多くの人が持っている意見）をどの程度反映していると思うか

の合わせて3つで，それぞれの選択肢は次のようになっています。」

①「選挙」，②「デモなど」
1．非常に大きな影響を及ぼしている《強い》
2．かなり影響を及ぼしている《やや強い》
3．少しは影響している《やや弱い》
4．まったく影響を及ぼしていない《弱い》
③「世論」
1．十分反映している《強い》
2．かなり反映している《やや強い》
3．少しは反映している《やや弱い》
4．まったく反映していない《弱い》

＊著作権上の都合により省略

6

先　　　生「調査の結果はどうでしたか。」

いちとさん「3つの質問に対して《強い》《やや強い》を選んだ人の割合の推移を示し
　　　　　たのが資料1です。資料では，《強い》《やや強い》を選んだ人の割合を，
　　　　　政治に対する※1有効性感覚としてまとめています。」

※1　有効性…影響があること。効果があること。

〈資料1〉

著作権上の都合により、資料を省略してあります。

いちとさん「資料1からは，1973年から現在に近づくにつれて，選挙やデモ等の行動
　　　　　が　　　　A　　　　と考える人が少なくなっていることがわかります。」

先　　　生「なるほど。」

〈資料2〉

著作権上の都合により、資料を省略してあります。

7

いちとさん「そして,資料2は,『選挙』の政治に対する有効性(影響・効果)について
　　　　の国民の感覚に関して,2013年と2018年の調査結果を年齢層別にま
　　　　とめたものです。資料2からは,世代が上がるにつれて,選挙で投票するこ
　　　　とが　　　Ａ　　　と考える人が多くなっていることがわかります。」
先　　　生「ですが,16歳に注目すると,他の若い世代の中でも『有効性感覚』が強
　　　　いと回答している割合が高くなっていますね。」
いちとさん「本当だ。気がつきませんでした。」

〈資料3〉

著作権上の都合により、資料を省略してあります。

※2　スコア…得点。点数。
〈資料1〉～〈資料3〉:著作権上の都合により出典省略

いちとさん「資料3は,3つの質問の結果を総合的にみるため,①「選挙」,②「デモな
　　　　ど」,③「世論」のそれぞれの回答に対して,《強い》＝3点,《やや強い》＝2
　　　　点,《やや弱い》＝1点,《弱い》と「わからない,無回答」＝0点という点数を
　　　　与えて合計し,その結果をまとめたものです。変化を大まかにつかむため
　　　　に,縦線を4本入れました。得点が高いほど,国民の行動や意見が国の
　　　　政治に影響を及ぼしていると考えていることになります。この資料からは,
　　　　1973年から現在に近づくにつれて政治に対する有効性感覚が強い割合
　　　　が　　Ｂ　　,弱い割合が　　　Ｃ　　なっていることがわかります。」

〔問1〕
　空欄Aに入る言葉を15字以内,B,Cに入る言葉を5字以内で,それぞれ書きな
さい。

8

先　　　生「続いてひろこさんはいかがでしょうか。」

ひろこさん「私は,※3国政選挙における年代別投票率の推移の資料を用意しました。
　　　　　　資料4は,参議院議員通常選挙における年代別投票率の推移を示して
　　　　　　います。資料を見やすくしようと思って,家族に手伝ってもらってグラフを作
　　　　　　り直しました。」

※3　国政選挙…国会議員を選出する選挙。

〈資料4〉

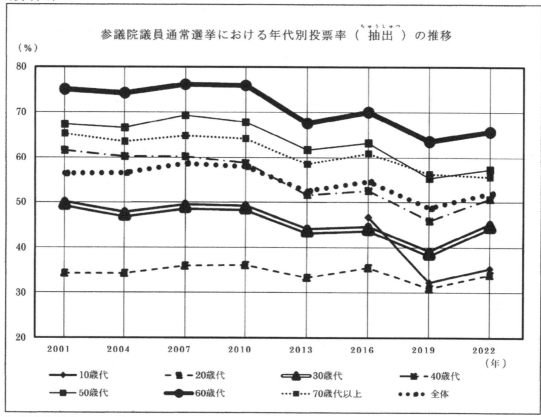

参議院議員通常選挙における年代別投票率（抽出）の推移

総務省資料「選挙関連資料」より作成

先　　　生「いちとさんの資料にも選挙のことが出てきましたね。ひろこさんは,なぜこの
　　　　　　資料を用意したのですか。」

ひろこさん「2016年の参議院議員通常選挙から18歳選挙権が導入されて,投票
　　　　　　率,特に10歳代・20歳代の投票率がどうなったか,知りたかったからで
　　　　　　す。」

9

〔問2〕

　資料をもとに，次の問いに答えなさい。

　(1)資料4をもとに，18歳選挙権導入以後の10歳代，20歳代の投票率について，他の年代と比較して読み取れることを書きなさい。

　(2)今後，投票率はどのように推移すると予想されますか。資料1，資料3をもとに，考えられることを書きなさい。

先　　生「2人も，他のみなさんも，政治と選挙との関わりについて，気になっているようですね。それでは，次の2つの資料を読んでみてください。」

〈資料5〉

　　内閣府は，子ども・若者育成支援施策を実効性のあるものとするとともに，子どもや若者が積極的に意見を述べる機会を作り，その社会参加意識を高めるため，「青少年意見募集事業」を実施している。この事業では，全国から募集した中学生以上30歳未満の※4ユース特命報告員約300名から，特定の課題に対する意見をインターネットを利用して求めている。平成25(2013)年度は，関係府省の協力の下，「防衛政策や自衛隊の広報活動」，「食品ロス削減に向けた取組」，「2020年オリンピック・パラリンピック東京大会」，「犯罪や非行をした人たちの立ち直りと再犯防止」を課題として配信した。ユース特命報告員から寄せられた意見は，整理の上，関係府省の政策担当者に送付され，それぞれの実際の政策の企画・立案に活かされている。

　　　　〈中略〉

　このほか，関係府省は，インターネットを活用した意見の公募などにより，子どもや若者が政策決定過程に参画する機会を確保している。

内閣府資料より作成
https://warp.da.ndl.go.jp/info:ndljp/pid/13024511/www8.cao.go.jp/youth/whitepaper/h26honpen/b2_02_02.html

　※4　ユース…青年。若者。

〈資料6〉

　選挙権年齢を 18 歳以上に引き下げた改正※5公職選挙法※6施行は，私たち大人の
有権者意識を変えるチャンスでもあった。政治とどうつながるか，どうすれば政治を身近な
問題として考えられるか，よりよい政治とはどのようなものでどうすれば実現できるか…。「18
歳選挙権」を機に必要性が高まった※7主権者教育の課題は，10 代のみならず，すべての
年代に共通するものだったからである。

「Voters55 号」より作成
http://www.akaruisenkyo.or.jp/061mag/8103/

　※5　公職選挙法…国会議員などを選ぶための選挙に関する法律。
　※6　施行…法律が効力を発揮すること。
　※7　主権者教育…国や社会の問題について考えたり行動したりできる力を育成するため，学校
　　　　などで行われる教育。

〔問3〕
　政治について，〈資料1〉，〈資料2〉，〈資料3〉をふまえ，あなたの考える課題を，
〈資料5〉，〈資料6〉をふまえ，あなたの考える解決策を，合わせて 150 字程度で書
きなさい。

2024(R6) 広島市立広島中等教育学校
Ⓚ教英出版

令和6年度

広島市立広島中等教育学校入学者選抜

適 性 検 査 2 問題用紙

【検査にあたって】

・ 「始め」の合図があるまでは, 開いて問題を見てはいけません。

・ 検査問題は, 1ページから10ページまであります。

・ 答えは, すべて解答用紙に書きなさい。解答用紙は2枚あります。

・ 「始め」の合図があってから, 問題用紙のページ数を確かめ, 問題用紙の表紙およ
  び解答用紙2枚ともに受検番号を書きなさい。

・ 問題用紙のページ数が足りなかったり, やぶれていたり, 印刷の悪いところがあった
  場合は, 静かに手をあげなさい。

・ 「やめ」の合図があったら, 筆記用具を置き, 机の中央に, 問題用紙, 解答用紙
  (2枚目), 解答用紙(1枚目)の順に(表)を上にして置きなさい。

・ この検査の時間は, 50分間です。

・ 問題用紙は, 持ち帰ってはいけません。

受 検 番 号

【問題1】
　いちとさんとひろこさんの会話を読み，後の問いに答えなさい。

いちとさん「先週，日本海までタイを釣りに行ったよ。私は，体長40cmのタイを釣り上げたんだ。」

ひろこさん「え，体長40cm？なかなか大きいね。でも私のお父さんの記録はもっとすごいよ。なんと，体長80cmのタイです！」

いちとさん「えっ！私のタイの2倍の体長だ！ほんとに大きいね！ちなみにぼくが釣った体長40cmのタイの重さは1.2kgあったんだ。体長が2倍だから，体長80cmのタイは2.4kgぐらいあったのかな？」

ひろこさん「いいえ，もっと重かったそうよ。たしか，9.5kgだったと聞いたわ。」

いちとさん「そんなに重かったんだね！じゃあ，私のタイの重さのおよそ【　ア　】倍かあ。」

〔問1〕
　【　ア　】に当てはまるもっともふさわしい整数を答えなさい。

いちとさん「体長が2倍になっただけなのに，どうしてそんなに重くなるのかな？」

ひろこさん「例えば，直方体で考えてみよう。底面の長方形の縦の長さが3cm，横の長さが5cm，底面からの高さが4cmの直方体の体積を求めると・・・。」

いちとさん「【　イ　】cm³だね。」

ひろこさん「ではすべての辺の長さを2倍した直方体の体積を求めると・・・。」

いちとさん「【　ウ　】cm³だ。同じ物質なら，体積が増えると，重さも同じように増えると考えられるから，タイの場合とだいたい同じになるね。」

ひろこさん「今までの話から考えると，形が同じで大きさだけが異なる立体を比べたとき，すべての長さが3倍になると体積や重さは【　エ　】倍，すべての長さが1.2倍になると体積や重さは【　オ　】倍になるということね。」

いちとさん「小数ではなく仮分数で考えることもできるよ。1.2は仮分数で$\frac{6}{5}$と表せるからすべての長さが$\frac{6}{5}$倍になると体積と重さは【　カ　】倍になるともいえるね。」

〔問2〕
　【　イ　】，【　ウ　】，【　エ　】，【　オ　】，【　カ　】に当てはまる数を答えなさい。ただし【　オ　】は小数，【　カ　】は仮分数で答えなさい。

いちとさん「そういえば，前から気になっていたんだけど，カップ麺の同じ商品でも普通サイズとビッグサイズが売られていたりするよね。ビッグサイズという割には容器の大きさがあまり変わらないな，と思っていたんだ。普通サイズとビッグサイズはどちらが内容量が多くお得なんだろう？」

ひろこさん「じゃあ，容器のいろいろな場所の長さを測って，考えてみましょう。」

〔問3〕

　あるカップ麺の普通サイズの値段は 160 円，ビッグサイズの値段は 300 円です。それぞれの容器の長さを測ると下の図1のようになったとして，体積と値段の関係を考えたとき，普通サイズとビッグサイズではどちらの方が得だといえますか。また，その根拠となる数量を示し，理由を書きなさい。ただし，普通サイズとビッグサイズは，同じ形で大きさだけが違うものとし，形は円柱であるとします。また，必要であれば円周率は 3.14 として使っても良いものとします。

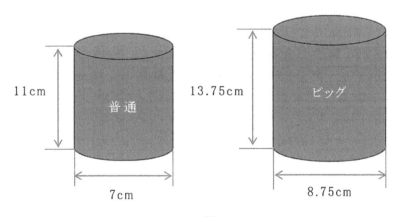

11cm

普通

7cm

13.75cm

ビッグ

8.75cm

図1

【問題2】

　いちとさんとひろこさんが，クラスで運営の手伝いをした地域イベントの入場者数について話をしています。

いちとさん「今日は大勢の人が来ていたね。」

ひろこさん「そうね。受付を大人と中学生と小学生以下と3か所に分けていたけれど，どこも混みあっていたね。」

いちとさん「入場者は全員で116人だったと聞いたよ。」

ひろこさん「私たちは小学生以下の受付のお手伝いをしていたけれど，小学生以下の入場者数は48人だったね。そうすると，中学生と大人を合わせて，　あ　人来ていたことになるね。」

いちとさん「中学生は何人来ていたんだろう？」

ひろこさん「受け取った入場料の合計金額から計算で求められるんじゃないかな。入場料は小学生以下，中学生，大人でそれぞれ200円，300円，500円だったよね。」

いちとさん「小学生以下の入場者数は48人だったから，小学生以下の全員の入場料の合計金額は　い　円だよね。今日1日の入場料の合計金額はいくらだったんだろう？」

ひろこさん「入場料の合計金額が一番少なくなるのは，残りの入場者がすべて　Ａ　だったときだね。逆に，入場料の合計金額が一番多くなるのは，残りの入場者がすべて　Ｂ　だったときだね。」

いちとさん「仮に，1人だけ大人で，残りすべてが中学生だったとすると，116人全員の入場料の合計金額は　う　円になるね。大人が2人で，残りすべてが中学生だったとすると，中学生が1人減って大人が1人増えるから，　う　円から　え　円多くなるね。同じように考えていくと，大人の数を1人多く考えるごとに，決まった金額ずつ増えていくことが分かるね。このことを利用すればいいんじゃないかな。」

ひろこさん「そうね。116人分の入場料金の合計金額がわかれば，中学生と大人それぞれの入場者数がわかるね。」

〔問1〕

あ ～ え に当てはまる数を答えなさい。(ただし,2か所の う には同じ数字が入ります。)

〔問2〕

A , B にそれぞれ当てはまる適切な語を答えなさい。

〔問3〕

波線部について,116人分の入場料の合計金額が36000円のとき,中学生の入場者数は何人だと考えられますか。

〔問4〕

翌日のイベントでは,入場者の総数が108人でした。1人当たりの入場料は前日と同じで,入場料の合計金額は31100円でした。このとき,入場した中学生が0人ではないことを説明すると,次のようになりました。空欄に適切な文章を入れて,説明を完成させなさい。

<説明>
　仮に中学生が0人だとすると,

ので,入場者が小学生以下と大人のみで合計金額が
31100円になることはない。

4

【問題3】

　いちとさんは学校の総合的な学習の時間で，家庭で出た残飯を有効利用するために，コンポスト（野菜くずや落ち葉などを微生物のはたらきで肥料にするための容器）を使って肥料をつくりました。そして，そのコンポストでつくった肥料が植物にどのような影響を与えるかを調べることにしました。

　いちとさんは肥料を使った実験の前に，植物の発芽の条件を調べるために，レタスとダイズの種を使った実験を行いました。

　図1，2のように，茶こしにレタスの種，またはダイズの種を入れて，水そうにつけ，水温，空気，光の条件を変えて実験1～8を行いました。その条件と発芽した種の割合を表した結果は表1の通りです。

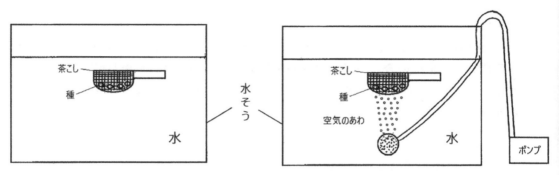

図1　空気を送らない条件の状態　　　　　図2　空気を送る条件の状態

表1　各実験の条件と結果

	実験条件			結果（発芽した種の割合）	
	水温	空気	光	レタスの種	ダイズの種
実験1	5℃	なし	あり	0%	0%
実験2	5℃	あり	あり	2%	3%
実験3	20℃	なし	あり	1%	1%
実験4	20℃	あり	あり	96%	97%
実験5	5℃	なし	なし	0%	0%
実験6	5℃	あり	なし	2%	3%
実験7	20℃	なし	なし	0%	1%
実験8	20℃	あり	なし	29%	97%

〔問1〕

　表1について，実験2と実験4を比較して分かることを述べた次の文章の空欄　ア　に適切な言葉を考えて入れなさい。

　　　レタスもダイズも　ア　と発芽しにくいことがわかる。

〔問4〕

100

200

240

300

(2)

〔問3〕

																	40
																	80
																	120
																	160

150

2024(R6) 広島市立広島中等教育学校

Ｋ 教英出版

【問題2】

〔問1〕	あ	い	う	え
〔問2〕	A		B	
〔問3〕		人		
〔問4〕				

K 教英出版

【問題4】

〔問1〕	①		②		③		④	

〔問2〕	
	＿＿＿＿秒間

〔問3〕	Hz

令和6年度
広島市立広島中等教育学校入学者選抜
適 性 検 査 ２ 解 答 用 紙 （2枚目）

受 検 番 号

【問題3】

〔問1〕	ア	
〔問2〕	実験 と 実験	
〔問3〕	イ　　　　　ウ　　　　　　　エ	
〔問4〕		

令和6年度
広島市立広島中等教育学校入学者選抜
適 性 検 査 2 解 答 用 紙 （1枚目）

※100点満点
（配点非公表）

受 検 番 号

【問題1】

〔問1〕	ア 倍	
〔問2〕	イ cm³	ウ cm³
	エ 倍	オ 倍 カ 倍
	お得なのは　　　　　　　　　　　サイズの方	
	【理由】	

令和6年度

広島市立広島中等教育学校入学者選抜

適 性 検 査 1 解 答 用 紙 （2枚目）

受　検　番　号

【問題2】

		A																
〔問1〕		B					C											

令和6年度

広島市立広島中等教育学校入学者選抜

※100点満点
（配点非公表）

適 性 検 査 1 解 答 用 紙 （1枚目）

受 検 番 号

【問題1】

〔問1〕	
〔問2〕	
〔問3〕	

〔問2〕

　種の発芽に空気が必要であることを示すには実験を組み合わせて比較すること
が必要です。その組み合わせとして，適切なものを1組答えなさい。

〔問3〕

　レタスの種とダイズの種の発芽の条件の違いについて，次の文章の空欄　イ　，
　ウ　に「レタス」または「ダイズ」のいずれかを，空欄　エ　には適切な言葉を考えて
入れて，説明を完成させなさい。

　　　種が十分発芽するために，　イ　の種は発芽に　エ　を必要とするが，
　　　ウ　の種は発芽に　エ　を必要としない。

　いちとさんは植物の発芽の条件を確認した後，コンポストでつくった肥料を使った
実験ではダイズの種を使うことに決めました。
　次にいちとさんはある野菜とある果物の皮から肥料をつくり，ダイズの成長への影
響を調べ，発表会で発表しました。以下は発表会での様子です。

いちとさん「私は料理の後に出る残飯がもったいないと思い，なにかに再利用できな
　　　　　いかと考え，残飯から肥料をつくることに興味をもちました。
　　　　　　そこで，野菜と果物の皮ではどちらを肥料にした方がよいのかを調べるた
　　　　　めに，それぞれを原料にして，別々のコンポストで肥料をつくりました。肥
　　　　　料をつくるのに使った野菜と果物の皮は同じ重さにしました。その他の条
　　　　　件は同じにして，しばらく放置しておくと，野菜と果物の皮がすべて肥料に
　　　　　なりました。
　　　　　　野菜をもとにしてつくった肥料を「野菜肥料」とし，果物の皮をもとにして
　　　　　つくった肥料を「果物肥料」とします。同じ量の土を入れた別々のプランタ
　　　　　ーに，それぞれ同じ量の「野菜肥料」と「果物肥料」を加えて十分混ぜた
　　　　　あと，ダイズの種を等しい間隔で10個まきました。90日後それぞれのプラ
　　　　　ンターで成長したダイズを回収し，十分乾燥させた後，ダイズの平均の重
　　　　　さを調べました。その結果が表2です。」

表2　各肥料を加えて育てたダイズ10本の平均の重さ

	野菜肥料	果物肥料
ダイズの平均の重さ	64g	47g

6

いちとさん「表2の結果より、コンポストでつくった肥料はどちらも肥料としての効果がありました。また、「野菜肥料」が「果物肥料」と比べて、ダイズをより成長させることがわかりました。」

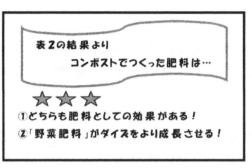

先　　　生「いちとさんの発表について、何か質問や意見はありませんか。」

ひろこさん「意見があります。私はこの実験だけではいちとさんの考えを結論づけるには足りないと思います。

いちとさんは「野菜肥料」も「果物肥料」もどちらも肥料としての効果があると考えているけれど、そうは言いきれないのではないかと思います。私はこの実験に、その他の条件は同じで、肥料のかわりに肥料と同じ重さの土を加えた実験を追加する必要があると思います。」

　　いちとさんはひろこさんの意見を聞いて、実験について先生ともう少し話し合いをすることにしました。

〔問4〕

　ひろこさんの意見の中にある、下線部のような「その他の条件は同じで、肥料のかわりに肥料と同じ重さの土を加えた実験を追加する」ことで、「野菜肥料」と「果物肥料」に肥料としての効果があるかどうかがわかるのはなぜですか。あなたの考えを書きなさい。

【問題4】

次のいちとさんとひろこさんの会話を読んで，後の問いに答えなさい。

いちとさん「先週，サイレンを鳴らして走っている救急車を見かけたのだけど，救急車が近づいたり，遠ざかったりするときに，サイレンの音の聞こえ方が変わるのはなぜか気になったんだ。（図1）」

図1　救急車といちとさんのようす

ひろこさん「救急車が動いていないときと比べて，動いているときは音の高さが違って聞こえるわよね。音っていうのは，音が出ているもののふるえが空気などのまわりの物質に伝わる現象のことなの。空気がふるえる回数が大きくなるほど音は高く，ふるえる回数が小さいほど音は低く聞こえるのよ。」

いちとさん「そうなんだ。今朝，また救急車を見かけたから，救急車の動きと聞こえた音の高さに注目して聞いてみたんだ。調べた結果は表1のようになったよ。なぜ救急車が動いていると，音が高く聞こえたり，低く聞こえたりするのだろう。」

表1　救急車の動きと聞こえた音の高さ（いちとさんが止まっている場合）

救急車の動き	動いていない	いちとさんへ近づいている	いちとさんから遠ざかっている
聞こえた音の高さ	変わらない	高い	低い

ひろこさん「私も少し前に気になって先生に音の聞こえ方を教えてもらったわ。でも，これを具体的に考えるには，音についてもう少し詳しく知っておく必要があるわ。音を出すものや空気が1秒間にふるえる回数を振動数っていって，単位はHzというの。1Hzは1秒間に1回ふるえることをいうのよ。」

いちとさん「空気中を伝わる音の速さなら聞いたことあるよ。秒速約340mで，それを音速っていうんだよね。」

ひろこさん「そう。空気がふるえる回数と音速と救急車の速さを使えば、サイレンの音の聞こえ方が変わることが説明できそうね。今回は、音速はその秒速340mを使って具体的に考えて計算してみましょう。あと、風があると難しくなるから、風がない状況として考えるわね。まず、救急車が動かずに止まっていて、いちとさんが救急車から340m離れた地点で止まっているとするわね。(図2)

図2 救急車が動いていないとき

10時ちょうどから10秒間だけ音を出した場合、救急車が音を出してからいちとさんに音が伝わるまで1秒かかるから、いちとさんがサイレンの音を聞くのは、10時1秒から10時11秒までの10秒間になるわけ。救急車のサイレンの振動数は880Hzだとすると、10秒間に空気がふるえている回数は8800回になるわね。そのふるえをいちとさんは10秒間かけて聞くことになるから、いちとさんには1秒あたり880回ふるえている音、つまり振動数880Hzの音が聞こえるの。」

いちとさん「だから聞こえる音の高さは元のサイレンの音の高さと変わらないんだね。」

ひろこさん「そう。次に、その場所から救急車が秒速20mで進んで、いちとさんへ近づいているときの音の高さについて考えるわね。救急車は、10時ちょうどに340m離れた場所でサイレンを鳴らしながら出発し、いちとさんに近づいていくとしましょう。(図3)

図3 救急車が近づくとき

このとき、救急車の出発地点で出したサイレンの音がいちとさんに伝わるのは、10時1秒だったわよね。」

いちとさん「僕は、サイレンが聞こえ始めてから、救急車が目の前をちょうど通過するときまでの間に近づいてくる音を聞くことになるから、サイレンの音を10時 ① 秒までの ② 秒間聞くことになるね。」

ひろこさん「そう。このサイレンの音は、1秒間に880回のふるえを発生させているから、救急車が近づいてくる間にサイレンが発生させたふるえの回数は ③ 回になるわ。」

いちとさん「サイレンが発生させた空気のふるえの回数を，僕がサイレンの音を聞いた
　　　　　時間で割ると… ④ Hz になるね。」

ひろこさん「この数が，いちとさんにとっての振動数，つまりいちとさんに聞こえる音の
　　　　　高さを表しているから，元のサイレンの音よりも高い音が聞こえることになる
　　　　　わね。このような現象をドップラー効果と呼ぶそうよ。」

〔問1〕
　　空欄 ① ～ ④ に当てはまる数をそれぞれ答えなさい。

いちとさん「じゃあ，救急車が人から遠ざかっている場合はどうなるのかな？」

ひろこさん「その場合も同じように考えられるわ。救急車が10時ちょうどに秒速20m
　　　　　でいちどさんの目の前の位置から遠ざかる状況を考えましょう。（図4）

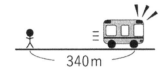

図4　救急車が遠ざかるとき

　　　　　救急車が880Hzの音のサイレンを，340m離れた地点を通過する瞬間ま
　　　　　で鳴らして音を止め，そのまま遠ざかっていくとして…」

いちとさん「さっきと同じように音の速さは秒速340mで考えて音の高さを計算してみ
　　　　　るね。おそらく，計算結果は元のサイレンの振動数よりも小さくなると思う
　　　　　よ。」

〔問2〕
　　救急車が遠ざかっていく場合に，いちとさんは何秒間音を聞くことになるか。救急
車が近づく場合と同じように考えて説明しなさい。

〔問3〕
　　救急車が遠ざかっていく場合に，いちとさんが聞く音の振動数は何Hzか。小数
の場合は小数第一位を四捨五入して整数で答えなさい。

令和5年度

広島市立広島中等教育学校入学者選抜

適 性 検 査 1　　問題用紙

【検査にあたって】

- 「始め」の合図があるまでは，開いて問題を見てはいけません。

- 検査問題は，1ページから10ページまであります。

- 答えは，すべて解答用紙に書きなさい。解答用紙は2枚あります。

- 「始め」の合図があってから，問題用紙のページ数を確かめ，問題用紙の表紙および解答用紙2枚ともに受検番号を書きなさい。

- 問題用紙のページ数が足りなかったり，やぶれていたり，印刷の悪いところがあった場合は，静かに手をあげなさい。

- 「やめ」の合図があったら，筆記用具を置き，机の中央に，問題用紙，解答用紙（2枚目），解答用紙（1枚目）の順に（表）を上にして置きなさい。

- この検査の時間は，50分間です。

- 問題用紙は，持ち帰ってはいけません。

- 文章で答える問題は，句読点や記号も1字と数えます。

♯教英出版 編集部　注
　編集の都合上、解答用紙は表裏1枚にまとめてあります。

受　検　番　号

このページは白紙です。

【問題1】
　次の〈A〉，〈B〉の文章を読んで，あとの問いに答えなさい。
〈A〉

お詫び：著作権上の都合により，掲載しておりません。
　　ご不便をおかけし，誠に申し訳ございません。
　　　　　　　　　　　　　　　　　　　教英出版

1

（日本教育新聞　2021年4月14日 https://www.kyoiku-press.com/post-229131）

※1　劣等感…自分が他の人と比べておとっているという感情。
※2　顕著…誰の目にも明らかなほどはっきりあらわれているようす。
※3　人格形成…人が成長していく過程で、その人特有の人間性が作られること。
※4　環境要因…生き物の成長に影響を与える原因となるもの。
※5　アセスメント…ある出来事・事がらについて評価や分析をすること。
※6　醸成…ある集団に特定の雰囲気や考え方を徐々に作り出すこと。
※7　切磋琢磨…互いに協力したり競ったりして高め合うこと。

〈B〉

お詫び：著作権上の都合により，掲載しておりません。
ご不便をおかけし，誠に申し訳ございません。
教英出版

（日刊 SPA! 2021 年 10 月 20 日　https://nikkan-spa.jp/1786823）

〔問1〕

　文章〈A〉の下線部①に「競争の順位付けの賛否について述べたい」とありますが，〈A〉の筆者は「競争の順位付け」について反対の立場を取っています。

(1)反対の立場をとっている理由について，「競争の順位付け」の持つ悪い点に注目して，40字以内で説明しなさい。

(2)〈A〉の筆者が児童・生徒に良い影響を与えると考えていることとして適切なものはどれですか。次のア～カの中から全て選び，記号で答えなさい。

　　ア　運動会の徒競走で，みんな一斉にゴールテープを切ること。

　　イ　賞や順位を付けずに，絵や習字などの作品を展示すること。

　　ウ　他人に勝つためではなく，親を喜ばせるために頑張ること。

　　エ　自分らしい目標を立てて，それを達成する努力をすること。

　　オ　親や教師が，子どもに対して好ましい言葉で励ますこと。

　　カ　運動会で個人競技を減らし，集団競技を増やすこと。

〔問2〕

　文章〈B〉の下線部②に「子どものマイナスにならなければ，比べることはいくらでもやればいい」とあるように，〈B〉の筆者は「競争の順位付け」について賛成の立場を取っています。

(1)〈B〉の筆者は「比べること」にどのようなメリットがあると考えていますか。30字以内で答えなさい。

(2)〈B〉の筆者は「子どものマイナス」をどのようなものとして考えていますか。次のア～ウについて，その例として適当なものには○，不適当なものには×を解答欄に書きなさい。

ア　他人と比べることによって，客観的に物事をとらえて，うまくやっている人のやり方をぬすもうとすること。

イ　競争し負けることによって，「自分はできない子だ」と考えるようになり，やる気を失ってしまうこと。

ウ　競争していく中で，自身に向いていないものがあることに気づき，その方面の努力に向ける力を減らすこと。

〔問3〕

　資料〈A〉，〈B〉を読んで，あなたは「競争の順位付け」についてどのように考えますか。次の条件にしたがって書きなさい。

条件1　3段落構成で書くこと。
条件2　1段落目では，「賛成」，「反対」のどちらの立場であるかを示すこと。
条件3　2段落目では，自分がその立場に立った理由をあげること。
条件4　3段落目では，理由に説得力を持たせるために具体例を示すこと。
条件5　240字以上300字以内で書くこと。

このページは白紙です。

K教英出版

【問題2】

　近年，わたしたちの食生活は大きく変わってきています。そのことについて，考えて
みましょう。

〈資料1〉国民1人あたりの消費量（kg）

年度	米	小麦	野菜	果実	肉類	魚介類
1965年	112	29	108	29	9	28
2020年	51	32	89	34	34	24

出典：農林水産省「食料需給表」より作成

　　　（https://www.maff.go.jp/j/zyukyu/fbs/）

〈資料2〉※1 食料自給率（%）

年度	品　　目　　別　　自　　給　　率						※2 総合食料自給率
	米	小麦	野菜	果実	肉類	魚介類	
1965年	95	28	100	90	42	100	73
2020年	97	15	80	38	7	55	37

出典：農林水産省「食料需給表」より作成

　　　（https://www.maff.go.jp/j/zyukyu/fbs/）

※1　食料自給率…ある国で消費される食料のうち国内で生産される食料の割合の指標。

※2　総合食料自給率…食料の量を重さで比較することが難しいため，栄養価であるエネルギー
　　　に着目して，国内で消費される食料の総エネルギーのうち国内で生産される食料の総エネル
　　　ギーの割合の指標。

〔問1〕

　下線部「わたしたちの食生活は大きく変わってきています。」とあります。その変化
を表した〈資料1〉と〈資料2〉をふまえて，なぜ日本の総合食料自給率が低下したの
か，考えられる理由を40字以内で答えなさい。

〈資料3〉国別の農業に関する比較

```
著作権上の都合により、資料を省略してあります。
```

出典:国際統計格付センター「世界ランキング」より作成

(http://top10.sakura.ne.jp/index.html)

※3　農業従事者数…農業にたずさわる人々のこと。

〔問2〕

　日本の農作物よりも海外の農作物の方が安いと言われています。〈資料3〉をふまえて，なぜ海外の農作物の方が安いのか，考えられる理由を40字以内で答えなさい。ただし，4つの国の農業従事者1人あたりの平均収入のちがいは考えないものとします。

〈資料4〉稲作の農作業ごよみ

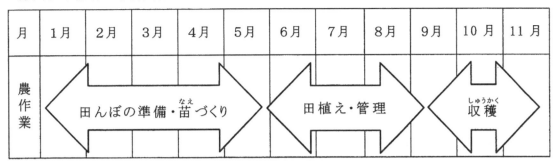

月	1月	2月	3月	4月	5月	6月	7月	8月	9月	10月	11月
農作業		田んぼの準備・苗づくり				田植え・管理				収穫	

〈資料5〉広島の月別降水量(mm)

年	4月	5月	6月	7月	8月	9月	10月
1991年	192	109	245	463	46	107	23
1993年	61	158	362	646	462	202	96
1995年	137	270	118	452	43	115	97
1997年	145	292	181	458	131	243	28

出典:気象庁「過去の気象データ検索」より作成

(https://www.data.jma.go.jp/obd/stats/etrn/index.php)

〈資料6〉広島の※4月別日照時間(時間)

年	4月	5月	6月	7月	8月	9月	10月
1991年	175	138	88	134	183	161	155
1993年	214	179	126	122	120	131	176
1995年	160	205	168	172	266	152	195
1997年	195	191	177	162	198	151	243

出典:気象庁「過去の気象データ検索」より作成

(https://www.data.jma.go.jp/obd/stats/etrn/index.php)

※4 月別日照時間…1ヶ月ごとの直射日光が地表を照らした時間の合計

9

〔問3〕

　1991年，1993年，1995年，1997年の中で，日本の米の食料自給率が非常に低かった年があります。<資料4>と，当時の気候について広島を例として取り上げた<資料5>および<資料6>をふまえて，あてはまる年を1つ選び，答えなさい。

　また，その選んだ年に，なぜ日本の米の食料自給率が低下したのか，考えられる理由を60字以内で答えなさい。

〔問4〕

　ロボットが人間のかわりに収穫を行ったり，温度や湿度を管理して自動でスプリンクラーを作動させたりするなど，ロボット技術や情報通信技術などを活用する農業を「スマート農業」と言います。「スマート農業」の効果の1つとして，日本の総合食料自給率を向上させることが期待されます。なぜ「スマート農業」の活用により日本の総合食料自給率の向上が期待できるのか，考えられる理由を80字以内で答えなさい。ただし，<資料1>〜<資料6>のうち，2つ以上をふまえて考えなさい。

令和5年度

広島市立広島中等教育学校入学者選抜

適 性 検 査 2 問題用紙

【検査にあたって】

・ 「始め」の合図があるまでは，開いて問題を見てはいけません。

・ 検査問題は，1ページから10ページまであります。

・ 答えは，すべて解答用紙に書きなさい。解答用紙は2枚あります。

・ 「始め」の合図があってから，問題用紙のページ数を確かめ，問題用紙の表紙および解答用紙2枚ともに受検番号を書きなさい。

・ 問題用紙のページ数が足りなかったり，やぶれていたり，印刷の悪いところがあった場合は，静かに手をあげなさい。

・ 「やめ」の合図があったら，筆記用具を置き，机の中央に，問題用紙，解答用紙（2枚目），解答用紙（1枚目）の順に（表）を上にして置きなさい。

・ この検査の時間は，50分間です。

・ 問題用紙は，持ち帰ってはいけません。

受 検 番 号

【問題1】

　ひろしさんとまちこさんのクラスで，プランターを並べて花壇を作ることになりました。

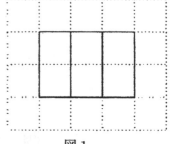

図1

| ひろしさん「まず，プランターを3つだけ並 |
| べてみようと思うのだけど，どん |
| な並べ方があるかな？」 |

まちこさん「プランターの形は同じものをそ
　　　　　ろえたよ。短
　　　　　い方を1とす
　　　　　ると，長い方
　　　　　は2になる長方形のものばかり
　　　　　だね。3つ並べたとき，長方形
　　　　　になるようにしたいなぁ。そうす
　　　　　ると右の図の1〜4のような並
　　　　　べ方があるね。図3と図4は向
　　　　　きが違うだけだから同じ並べ方
　　　　　と考えようね。」

ひろしさん「ということは，プランター3つで
　　　　　あれば3通りの並べ方があると
　　　　　いうことか。では，プランターが
　　　　　4つあったら何通りの並べ方が
　　　　　あるのかな。」

まちこさん「3つのときより多くなりそうだ
　　　　　ね。考えてみるよ。」

図2

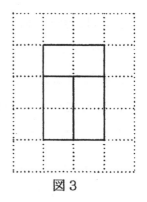

図3

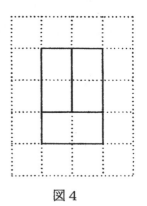

図4

〔問1〕

　長方形になるように4つのプランターを並べるとき，並べ方は何通りあるか答えなさい。ただし，図3と図4のように，向きを変えただけであれば同じ並べ方とします。

ひろしさん 「プランターの側面に図5のようなフェンスがはめ
　　　　　　られるみたい。これで長方形に並べたプランター
　　　　　　の周りを囲もうと思うのだけど。」
まちこさん 「それはいいかも。このフェンスの幅（はば）はちょうどプラ
　　　　　　ンターの短い方の長さ1と同じだね。ということは，
　　　　　　1つのプランターを囲むとき，図6のようにフェンス
　　　　　　は6個いるということだね。」
ひろしさん 「図1のように並べたプランターを囲む
　　　　　　と10個，図2のように並べたプランター
　　　　　　を囲むと14個，図3のように並べたプラ
　　　　　　ンターを囲むと10個いるね。」
まちこさん 「ということは，3つのプランターを囲む
　　　　　　のにフェンスは10個か14個いるという
　　　　　　ことだね。〔問1〕で考えたことを使えば，
　　　　　　4つのプランターを囲むときに必要となるフェンスの個数が分かりそう
　　　　　　ね。」

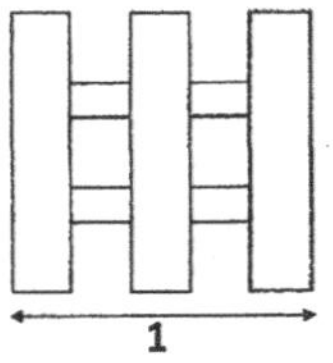

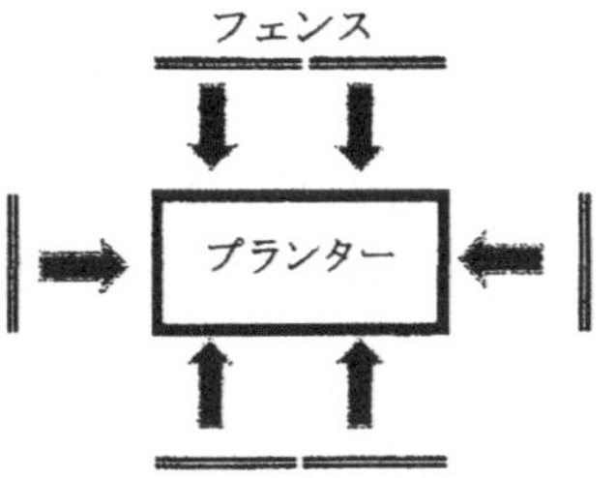

図5

フェンス

図6

〔問2〕

　長方形になるように4つのプランターを並べるとき，フェンスは何個必要になるのか
答えなさい。ただし，答えは1つではないので考えられるすべての答えを書きなさい。

ひろしさん 「倉庫の中を見てみると，フェンスは14個しかないみたい。」
まちこさん 「えっ，そうなんだ。フェンス14個を全部使って囲むとすると，いくつの
　　　　　　プランターを長方形に並べることができるのかしら。答えは1つではなさ
　　　　　　そうだよね。全部考えてみようね。」

〔問3〕

　フェンス14個を全部使って長方形に並べたプランターを囲むとき，プランターはい
くつ並べることができるのかを答えなさい。ただし，答えは1つではないので考えられる
すべての答えを書きなさい。

【問題2】

小学6年生のいちとさんとひろこさんが話をしています。

いちとさん「ひろこさんはお小遣いをもらってる？今，私はお小遣いをもらっていない
のだけど，中学生になったら欲しいな。」

ひろこさん「私は月に1000円もらってるよ。欲しい本があるとその中から買って，残
りは貯金してるよ。」

いちとさん「私は必要な時にお母さんに言って，必要な分だけもらってるんだ。でも，
中学生になったらお小遣いが欲しいなあってお母さんに頼んでいるところ
なんだ。ひろこさんと同じ1000円欲しいとお願いしてみよう。」

ひろこさん「みんなはどうしてるのかなあ？」

いちとさん「お母さんを説得するために
調べたら図1のようなことが
分かったよ。小学6年生
200人に調査して
割合を円グラフに
したものらしい。」

ひろこさん「もらっている人
の方が多いね。」

いちとさん「お小遣いをもら
っている人は何人
なのか，具体的な
人数を求めてみよ
うと思うんだ。200人
に調査をしていることが
わかっているのだから，もら
っている人ともらっていない人の
人数は求めることができそうだね。」

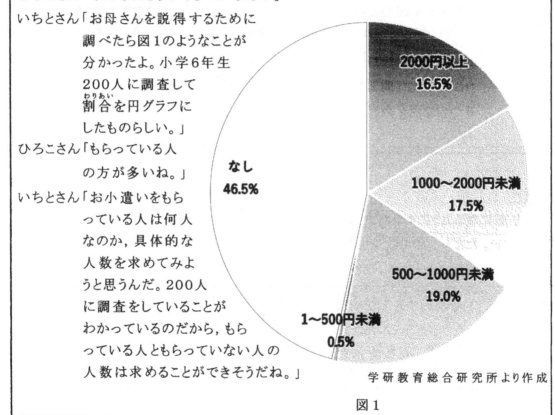

学研教育総合研究所より作成

図1

〔問1〕

200人に調査をした円グラフの割合を利用して，お小遣いをもらっている人ともら
っていない人の人数を答えなさい。

いちとさん「人数だけでは説得できないから，お小遣いの金額の平均を求めて
　　　　　　みようかな。〔問1〕のように考えるとそれぞれの人数は求められそうだ
　　　　　　よね。」
ひろこさん「でも金額はどう考えるといいかな。例えば，1～500円未満のときは
　　　　　　真ん中の250円と考えてみようかな。500～1000円未満，1000円
　　　　　　～2000円未満も同じように考えるとして，2000円以上のところは，
　　　　　　3000円と仮に考えてみるといいかもしれない。」
いちとさん「そうだね。真ん中の数を仮の金額として考えるのが一番いいかも
　　　　　　ね。」
ひろこさん「表を作って平均を計算してみよう。」

〔問2〕

　　図1をもとに表の空欄をうめ，仮の金額を使って平均を答えなさい。ただし，小数
第一位を四捨五入しなさい。

ひろこさん「1000円超えなかったね。これでは説得できないよ。」
いちとさん「2000円以上のところの仮の金額を3000円にしたのがいけなかったの
　　　　　　かも。その金額を増やして平均が1000円になるようにしよう。」
ひろこさん「小数第一位を四捨五入するのだから，答えは1つではなさそうだね。」
いちとさん「お母さんを説得するのが目的だから，いくつかある答えのうち1つだけ
　　　　　　考えてみよう。」

〔問3〕

　　小数第一位を四捨五入してお小遣いの平均を計算するとき，仮の金額3000円
としているところを何円に変更すれば平均が1000円になるのか答えなさい。ただし，
解答は1つではないので，そのうち1つを答えなさい。

【問題3】

　次のいちとさんとひろこさんの会話を読んで，あとの問いに答えなさい。

いちとさん「昨日，買い物していたらとても不思議なものを見つけて，思わず買ってしまったんだ。」

ひろこさん「どのようなものだったの？」

いちとさん「図1の写真のように，糸でつるすと，なぜかいい具合にバランスがとれる飾りなんだ。」

ひろこさん「それは，長方形のモビールが階段状につながったステップモビールという飾りだよ。」

いちとさん「そういう名前なんだね。でも，いまだになぜこれでバランスがとれるのか分からないんだ。つながっている糸の位置もよく見ると違っているし。」

ひろこさん「糸の位置には何か規則性がありそうね。図2を1段目から順に見ていくと，糸の位置がだんだん右端に近づいているね。糸からモビールの右端までの距離を測ってみましょう。」

図1　ステップモビールの写真

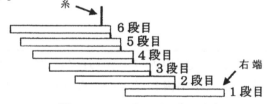

図2　ステップモビールの図

いちとさん「右端までの距離を測ってみたら次の表のようになったよ。ちなみに，モビールの長さは全て48cmだったよ。」

表1　ステップモビールの段数と糸から右端までの距離

モビールの段数	1段目	2段目	3段目
糸からモビールの右端までの距離[cm]	24	12	8

ひろこさん「1段目はちょうど真ん中だから24cmなのね。つまり，全体に対して右端までの距離が2分の1ということね。2段目は12cmだから，全体に対して4分の1ということが分かるわね。3段目は8cmだから…。これは規則性がありそうね。」

いちとさん「そうだね。ステップモビールのバランスがとれているのは，棒が水平につり合うことと同じだから，『てこのきまり』で説明できそうだね。」

2023(R5) 広島市立広島中等教育学校

[K]教英出版

【

〔問3〕

100

200

240

300

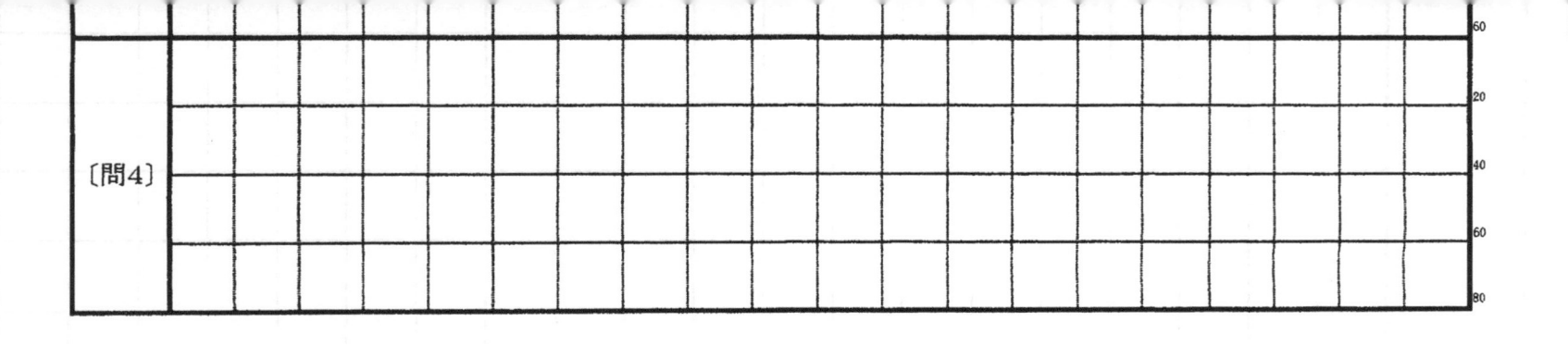

〔問4〕

【問題2】

[問1]

もらっている人	もらってない人
人	人

[問2]

金額	仮の金額（円）	割合（%）	人数（人）
2000円以上	3000	16.5	
1000〜2000円未満		17.5	
500〜1000円未満		19.0	
1〜500円未満	250	0.5	
なし	0	46.5	
計		100.0	200

お小遣いの平均

円

[問3]

円

2023(R5) 広島市立広島中等教育学校

K 教英出版

【問題4】

〔問1〕	【ア】	【イ】
〔問2〕	【ウ】	【エ】
〔問3〕	【オ】	

〔問4〕

〔でんぷんの量は，二酸化炭素の量の数値を用いて表してください〕

段階1

段階2

段階3

令和5年度

広島市立広島中等教育学校入学者選抜

適 性 検 査 2 解 答 用 紙 （2枚目）

受 検 番 号

【問題3】

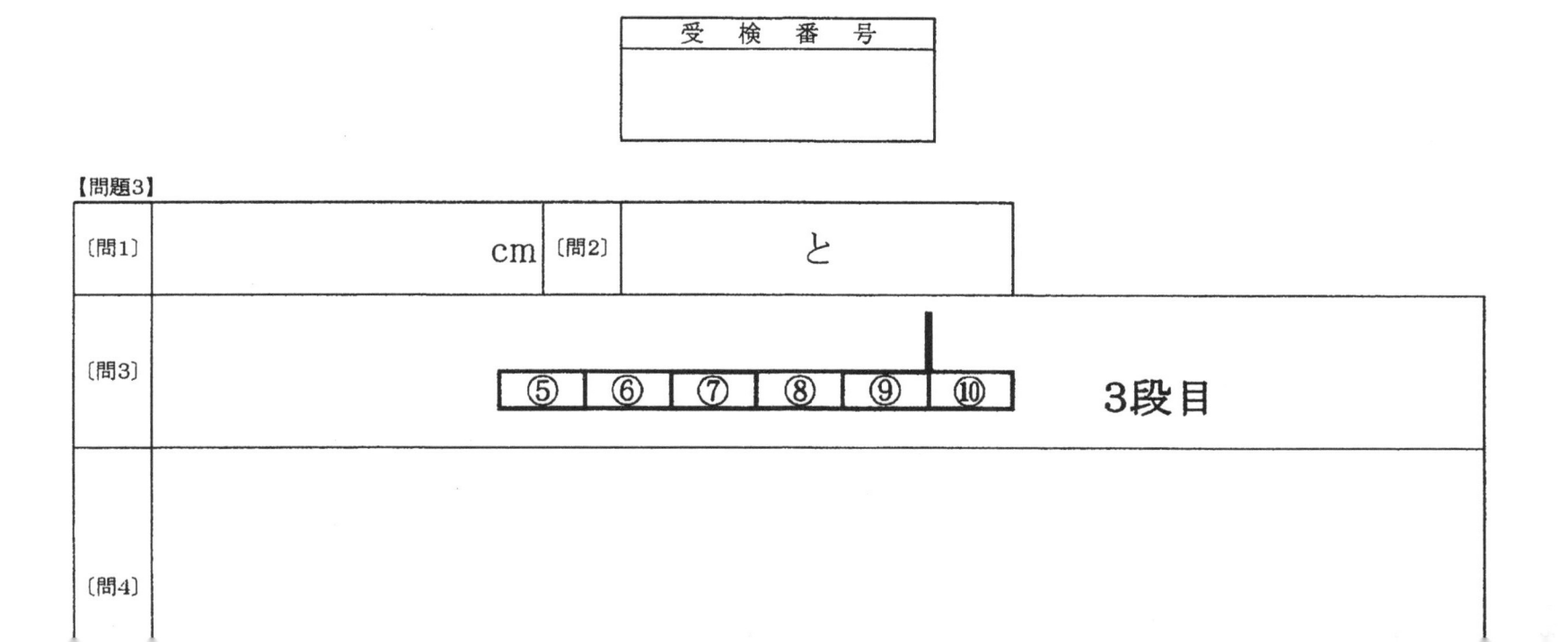

〔問1〕	cm	〔問2〕	と

〔問3〕 ⑤ ⑥ ⑦ ⑧ ⑨ ⑩ 3段目

〔問4〕

令和5年度

広島市立広島中等教育学校入学者選抜

適 性 検 査 2 解 答 用 紙 （1枚目） ※100点満点（配点非公表）

受 検 番 号

【問題1】

〔問1〕	通り
〔問2〕	
〔問3〕	

令和5年度

広島市立広島中等教育学校入学者選抜

適 性 検 査 1 解 答 用 紙 （2枚目）

受 検 番 号

【問題2】

			20
〔問1〕			40
〔問2〕			20
			40

	年

令和5年度
広島市立広島中等教育学校入学者選抜
適 性 検 査 1 解 答 用 紙 （1枚目）

※100点満点
（配点非公表）

受 検 番 号

【問題1】

〔問1〕(1)	
〔問1〕(2)	
〔問2〕(1)	
〔問2〕(2)	ア　　　　イ　　　　ウ

【解

〔問1〕

　まず，いちとさんは，『てこのきまり』を確認（かくにん）する実験を行いました。糸でつるした長さが48cm のとても軽い棒に20g と40g のおもりをつり下げると，図3のようにつり合いました。糸からこの棒の右端までの距離は何 cm あるか答えなさい。

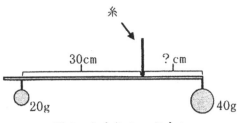

図3　おもりのつり合い

いちとさん「『てこのきまり』は思い出したけど，この長方形のモビールにはおもりがついてないね。モビールには厚みがあるから，モビール自体の重さが関係しているのかな？」

ひろこさん「そうね。たくさんのモビールがつながっていると考えるのが難（むずか）しいから，1段目と2段目だけに注目して考えてみましょうか。」

いちとさん「2段目は糸から12cm，全体に対して4分の1の位置でつり合うんだったね。」

ひろこさん「1段目と2段目をそれぞれ4個の部分に分けて考えると，図4のようになるね。『てこのきまり』で考えると，③の部分の重さと④の部分の重さはつり合うことになるね。」

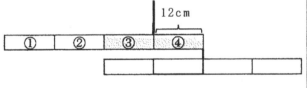

図4　1・2段目の考え方 A

いちとさん「そうすると，図5のように，①と②の2個分の重さと，1段目の4個分の重さがつり合うことになるから，図6のようにおもりに例えて考えることができそうだね。」

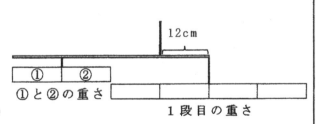

図5　1・2段目の考え方 B

ひろこさん「2段目の2個分の重さは糸から左側へ24cm，1段目の4個分の重さは右端まで12cmの距離にあるから，たしかに，『てこのきまり』が成り立っているね。」

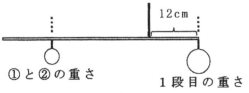

図6　おもりに例えた場合

いちとさん「すごい！この考え方なら何段目でも説明できそうだ。3段目のモビールは右端まで8cmだったけど，モビールをまた4個に分けて考えたらいいのかな。」

ひろこさん「いいえ。3段目を考えるときには，モビールを6個に分ければ同じように考えられるわ。」

いちとさん「そうか。だから上の段にいくほど糸の位置が右へ変わっているんだね。」

ひろこさん「ステップモビールのしくみが分かってきたわね。」

〔問2〕

　上の会話文での図4の③と④と同じように考えると，図7の3段目のモビールのうち，つり合う部分はどれとどれですか。⑤〜⑩の中から番号で選んで答えなさい。

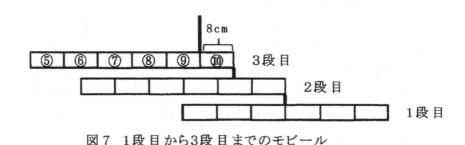

図7　1段目から3段目までのモビール

〔問3〕

　図7の3段目のモビールのうち，1・2段目のモビールとつり合う部分はどこですか。解答欄の3段目のモビールのあてはまる部分を黒く塗りつぶしなさい。

〔問4〕

　図7の3段目のモビールは，右端まで8cmの距離でつり合います。これを，上の会話文の下線部と同様の考え方で説明する文を，解答欄の言葉につながるようにして完成させなさい。

【問題４】

次のいちとさんとひろこさんの会話を読んで，あとの問いに答えなさい。

ひろこさん「この前の授業で，植物は日光を使って，でんぷんなどの養分を作ることを勉強したわよね。」

いちとさん「うん，光合成って言うんだよね。植物は，図１のように，二酸化炭素と水を材料にして，でんぷんなどの養分を作って成長するんだ。そして，そのとき，酸素も放出されるんだよね。」

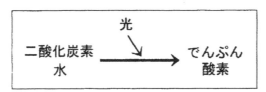

図１ 光合成

ひろこさん「そのとき，私，不思議に思ったの。植物も私たちと同じように呼吸（こきゅう）をするじゃない。」

いちとさん「そうだね。呼吸は生きるために必要なエネルギーを作るんだけど，植物では図２のように，でんぷんと酸素を使うんだよね。そして，二酸化炭素を放出するんだ。」

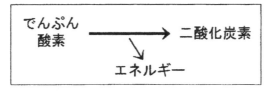

図２ 呼吸

ひろこさん「そうしたら，植物は，光合成で作ったでんぷんを呼吸で使っているのだから，でんぷんを成長するために使えないのじゃないかしら。」

いちとさん「うーん，そんなはずはないよね。実際に，植物は，成長して花を咲（さ）かせるしね。植物が枯（か）れてしまうか，成長するかどうかは，１日あたりの【　　　ア　　　】の量と【　　　イ　　　】の量を比べればわかるのではないかなぁ。」

ひろこさん「植物がどれくらい光合成や呼吸をするか，調べる方法ってあるのかしら。」

いちとさん「ぼくが，その方法を調べてみるよ。」

（数日後・・・）

いちとさん「教科書に，植木鉢に植えた植物を袋に入れて光を当てて，1時間後に袋の中の二酸化炭素の量がどのくらい変化したのかを測定する実験がのっているよ。」

ひろこさん「でもこれだと，でんぷんの量の変化はわからないわ。」

いちとさん「どうも，光合成で作られるでんぷんの量や，呼吸で使われるでんぷんの量は，二酸化炭素の吸収量や放出量に置き換えて考えてみればいいみたいなんだ。」

ひろこさん「なるほど！二酸化炭素が減少すれば，それだけでんぷんが作られた，二酸化炭素が増加すれば，それだけでんぷんが使われた，と考えるんだね。」

いちとさん「光の強さを変えて，1時間あたりの二酸化炭素の変化量を測定すれば，どれくらい光合成や呼吸をするか，調べることができるんだ。」

ひろこさん「光の強さを変えて，さっそくやってみましょうよ。光が強ければ光合成はさかんになるだろうし，光がないと光合成は起きないからね。」

　　二人で実験したところ，下の表の結果が得られました。

表　光の強さを変えたときの袋の中の二酸化炭素の変化量

光の強さ	0	10	20	30	40	50	60	70	80	90	100	110	120
二酸化炭素の変化量	4.0 増加	2.5 増加	1.2 増加	0	1.6 減少	3.0 減少	4.4 減少	5.8 減少	7.1 減少	8.0 減少	10.0 減少	10.0 減少	10.0 減少

※　光の強さは，二酸化炭素の減少量が<u>最初</u>に最大になるときを100としています。

※　二酸化炭素の変化量は，減少量がそれ以上大きくならないときの最大の減少量を10.0とし，1時間あたりの量を示しています。

ひろこさん「表をみると，光の強さが30のとき，二酸化炭素は増えても減ってもいなくて0になっているわね。植物には，ちゃんと光を当てているのにどうしてかしら。」

いちとさん「それはね，この光の強さだと，【　　　　　　ウ　　　　　　】と【　　　　エ　　　　】が等しいからだ思うな。」

ひろこさん「呼吸によって1時間あたりに使われるでんぷんの量を知りたければ，どの光の強さのときの二酸化炭素の変化量を読み取ればいいのかな。」

いちとさん「光の強さが【　オ　】のときを読み取ればいいんだよ。」

ひろこさん「そうか。この表を使えば，1日あたりの【　ア　】の量と【　イ　】の量を計算して，その量を比べることで，どのような光の強さのときに植物が枯れずに成長できるかどうかを判断できそうだね。」

〔問1〕
　会話文中の【　ア　】と【　イ　】にあてはまる内容を答えなさい。

〔問2〕
　会話文中の【　ウ　】と【　エ　】にあてはまる内容を答えなさい。ただし，両方とも「二酸化炭素」という語を使って書きなさい。

〔問3〕
　会話文中の【　オ　】にあてはまる表中の数値を答えなさい。

〔問4〕
　会話文中の下線部について考えます。
　この植物を，光の強さ90の光を何時間か当てて育てることにします。でんぷんが不足して枯れることを防ぐためには，1日最低何時間，この光を当てる必要があるかを説明しなさい。解答は，次の1～3の段階の順に進めなさい。
　ただし，光の強さは光合成のはたらきのみに影響し，呼吸のはたらきには影響しないものとします。また，その他の条件は表の実験を行った時と同じになっており，でんぷんは「呼吸」と「成長」にしか使われないものとします。

　　段階1：呼吸によって1日（24時間）に使われるでんぷんの量を，二酸化炭素の量の数値に置き換えて計算しなさい。
　　段階2：光合成によって1時間あたりに作られるでんぷんの量を，二酸化炭素の量の数値に置き換えて計算しなさい。
　　段階3：植物を枯らさないためには，1日最低何時間，光を当てる必要があるか説明しなさい。

令和4年度

広島市立広島中等教育学校入学者選抜

適 性 検 査 1 　 問題用紙

【検査にあたって】

・ 「始め」の合図があるまでは，開いて問題を見てはいけません。

・ 検査問題は，1ページから10ページまであります。

・ 答えは，すべて解答用紙に書きなさい。♯解答用紙は2枚あります。

・ 「始め」の合図があってから，問題用紙のページ数を確かめ，問題用紙の表紙および解答用紙2枚ともに受検番号を書きなさい。

・ 問題用紙のページ数が足りなかったり，やぶれていたり，印刷の悪いところがあった場合は，静かに手をあげなさい。

・ 「やめ」の合図があったら，筆記用具を置き，机の中央に，問題用紙，解答用紙（2枚目），解答用紙（1枚目）の順に（表）を上にして置きなさい。

・ この検査の時間は，50分間です。

・ 問題用紙は，持ち帰ってはいけません。

・ 文章で答える問題は，句読点や記号も1字と数えます。

♯教英出版 編集部　注
　編集の都合上、解答用紙は表裏1枚にまとめてあります。

受 検 番 号

【問題1】
　次の〈A〉，〈B〉の文章を読んで，あとの問いに答えなさい。

〈A〉

　新型コロナウイルスの感染拡大を受け，今年度，予定を前倒ししてすべての小中学生への※1情報端末の配備が実現する。※2ハードの整備の次に問われるのは使い勝手の良い※3教育コンテンツの拡充である。

　文部科学省の※4有識者会議は，デジタル教科書の活用の在り方に関する報告書をまとめた。小学校の教科書が改訂される2024年度から「本格導入を目指す」とする一方，※5紙媒体の利点にも触れ，当面，※6併用する方向性を示した。

　文科省は今年度，児童・生徒の視力への影響や教育効果などを探る大規模なデジタル教科書の実証研究を行う。その結果を踏まえ，どの教科が電子化にふさわしいかなど優先順位を判断する。

　実証研究と同時に教育のデジタル化にふさわしい法制度を今のうちに詰めておく必要がある。解決すべき課題は山積する。

　現行制度では，紙の教科書は無償だが，デジタルは自治体が負担する。図書のみを無償の対象としているからだ。自治体の財政事情により導入に格差が生じる可能性があり，法的な手当てが要る。

　国はデジタル教科書を「紙の教科書と同一の内容」と※7定義する。理解を深めるために有効な動画などは補助教材の位置づけだ。英語の正しい発音を聞いたり，理科の実験映像を見たりする機能も教科書の内容として認めたらどうか。

　将来，デジタル教科書を無償化しても定義を変更しなければ，動画などの教材は有償のままだ。自動採点が可能なドリル教材で習熟度を測り指導に役立てるなど，両者の一体的な活用が望ましい。

　そのためには現在の教科書検定制度を見直す必要がある。現行法は，図書を審査の対象とする。動画などを教科書として扱うことが※8法解釈上できないからだ。

　有識者会議は，音声などを活用した教育のデジタル化は，外国人や障害のある子どもの支援にも有効だと指摘する。学校教育の充実に向け，教科書の定義や無償化，検定制度の在り方を総合的に議論するときだ。

（日本経済新聞社説　令和3年6月1日）

1

〈B〉

（新聞記事の文章）

（読売新聞社説　令和3年5月30日）

※1　情報端末…パソコンやタブレット，スマートフォンなど，回線などを通じて利用者が直接操作する機器。

※2　ハード…ハードウエアの略。コンピュータの機器及び装置をまとめた呼び方。

※3　教育コンテンツ…授業で使用できる画像や動画などのこと。

※4　有識者…多くの知識や高い教養があって，確かな判断力や考えを持つ人。

※5　紙媒体…情報を伝達するもののうち，新聞や雑誌，書籍など，紙に印刷されたもの。

※6　併用…2つ以上のものをいっしょに使うこと。

※7　定義…ある考え方の内容やある語の意味を，他と区別できるように明確に限定すること。

※8　法解釈…法律にもとづいてことばや文章の意味などを判断すること。

※9　契機…物事の始まりや変化を引き起こす直接的な要因。きっかけ。

※10　推奨…人・事物などの優れていることをあげて，それを人にすすめること。

※11　ICT支援員…パソコンやタブレット，電子黒板など，授業で使うICT機器の準備や教員・児童生徒の操作のサポート，ICT機器を使った授業づくりのサポートなどを行う人のこと。

2022(R4) 広島市立広島中等教育学校

教英出版

〔問1〕

　文章〈A〉と文章〈B〉について，次の(1)〜(3)の問いに答えなさい。

(1)文章〈A〉において，「デジタル教材の活用」の良い面についてどのように述べているかを，20字以内で1つ書きなさい。

(2)文章〈B〉の空欄 Ⅰ 〜 Ⅲ に当てはまる適切な言葉を，次のア〜ウからそれぞれ1つ選び，記号で答えなさい。

　　　ア　紙の教科書　　イ　紙とデジタルの併用　　ウ　デジタル化の推進

(3)どちらの文章においても共通して述べられている意見として適切でないものを，次のア〜エから1つ選び，記号で答えなさい。

　　ア　紙とデジタルをいっしょに用い，おたがいの良いところを生かせばよい。

　　イ　学校教育がより良いものとなるように，さまざまな見方で検討を続けていかなければならない。

　　ウ　学校現場では，授業が遅れる混乱も起きている。

　　エ　教科書のデジタル化に向けて考えなければならない課題がたくさんある。

〔問2〕

　デジタル教科書（あるいはデジタル教科書を含めたデジタル教材）の推進について，次の条件にしたがって書きなさい。

条件1　2段落構成で書くこと。 条件2　1段落目では，推進する際の問題点を2つ書くこと。 条件3　1段落目で述べる問題点のうち，1つは，文章〈A〉〈B〉に書かれていないものを指摘すること。 条件4　2段落目は，1段落で指摘した問題点を解決するための具体的な方法について，あなたの意見を書くこと。 条件5　280字以上320字以内で書くこと。

このページは白紙です。

5

K 教英出版

【問題2】

　夏休みに自分が興味のあるジャンルに関するニュースや記事を新聞やインターネットで集め，考えたことを書いてくるという探究活動の課題について，いちとさんとひろこさんが話をしています。2人の会話と資料を読んで，あとの問いに答えなさい。

ひろこさん　「いちとさん！夏休みの探究活動の宿題は終わった？」

いちとさん　「いや，まだなんだ。日頃からニュースや新聞を見ていなくて，つい忘れてしまうんだよね。ひろこさんは？」

ひろこさん　「私は医療について興味があるから，関係してる記事を新聞で探したり，インターネットで検索してみたりして，いくつかは集まっているわ。」

いちとさん　「さすがひろこさん。どんな記事があったの？今後の参考にしたいから少し見せてよ。」

ひろこさん　「うん，いいよ！」

ひろこさんはいちとさんにインターネットで見つけたある記事〈資料1〉を見せました。

〈資料1〉

1回3349万円の白血病治療薬，保険適用を決定

　1回の投薬で，3349万円もする白血病治療薬が公的な医療保険でカバーされるようになる。厚生労働省は15日，白血病など血液のがんで高い治療効果が見込まれる「キムリア」の保険適用を決めた。厚労省が同日開いた中央社会保険医療協議会（中医協）で，キムリアの公定価格（薬価）を3349万円にする案を示し，承認された。22日から保険適用する。キムリアはスイス製薬大手ノバルティスが開発した。CAR-T（カーティー）と呼ばれる新たながん治療法の薬だ。患者の免疫細胞に遺伝子操作を加えて，がん細胞への攻撃力を高めてから体内に戻す。国内では初の保険適用になる。海外では米国や欧州，カナダ，スイスなどで製造・販売の承認を得ている。治療対象は白血病の患者で抗がん剤が効かなかった人などに限定する。対象は216人と見込まれている。市場規模は72億円だ。投与は1回で済む。ノバルティスの試験では，若年の白血病患者で8割に治療効果が見られた。超高額薬でも患者の負担は抑えられそうだ。公的医療保険は患者の窓口負担が現役世代で3割だ。これに加え医療費の負担が重くなりすぎないよう1カ月あたりの自己負担の上限を定めた高額療養費制度がある。例えば，年収が約500万円の人がキム

リアを使った場合，40万円程度の負担で済む。大部分は税金と※1社会保険料で賄う。

出典：2019年5月15日　日本経済新聞より作成

（https://www.nikkei.com/article/DGXMZO44794650U9A510C1MM0000/）

　この記事は、日本経済新聞の許諾を得て転載しています。無断での複写・転載を禁じます。

※1　社会保険料…病気になったり仕事を失ったりした場合に備えて，集団で共通の財産を作るために支払うお金のこと。事前に取り決められた条件に従って，必要なお金を受け取ることができる。

ひろこさん　「例えば，こんな感じかな。白血病治療薬"キムリア"についての記事だよ。」

いちとさん　「なるほど…。え？ちょっと待って！この治療薬は3349万円もするの？高すぎてお金持ちの人しか使うことができないよ！」

ひろこさん　「いちとさん，落ち着いてよく読んでみて。確かに白血病治療薬の記事だけど，大事なのはそこじゃないわよ。」

いちとさん　「え。どういうこと？お金持ちの人だけに関係のある話じゃないの？」

ひろこさん　「そんなことないよ。前の探究の授業で先生が医療保険について話をしていたのを覚えてる？医療保険というのは，国がみんなから集めたお金を使って，病気やケガになった人を支える仕組みだって言ってたよ。」

いちとさん　「ああ，そういうことか。治療薬の記事と思って読んでいたけど，この記事は日本の医療保険制度に関することについても書いてあるってことだよね。」

ひろこさん　「そのとおり！」

いちとさん　「しかも，この治療薬のような高額なものに対しては，お金を十分持っていなくても利用できる仕組みが考えられているんだね。」

ひろこさん　「そう。もしもの時に必要な医療を受けることができる仕組みになっているわ。」

　次の日，いちとさんは学校へ行き，先生に相談して，日本の医療保険制度に関係あるグラフ（〈資料2〉～〈資料5〉）を作ってもらいました。

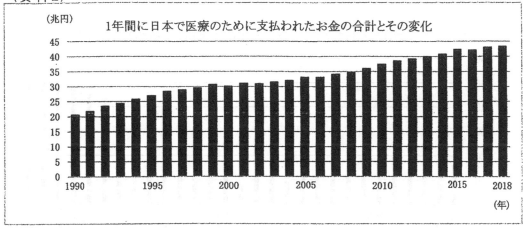

1年間に日本で医療のために支払われたお金の合計とその変化

出典:厚生労働省「統計表」より作成

(https://www.mhlw.go.jp/toukei/saikin/hw/k-iryohi/18/index.html)

〈資料3〉

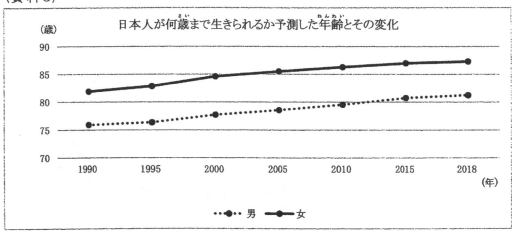

日本人が何歳まで生きられるか予測した年齢とその変化

出典:厚生労働白書より作成

(https://www.mhlw.go.jp/stf/wp/hakusyo/kousei/19/backdata/01-01-02-01.html)

〈資料4〉

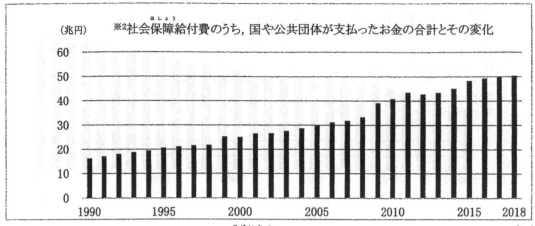

※2社会保障給付費のうち，国や公共団体が支払ったお金の合計とその変化

出典：国立社会保障・人口問題研究所「時系列表」より作成

(http://www.ipss.go.jp/ss-cost/j/fsss-h30/fsss_h30.asp)

※2　社会保障給付費…税金の使い道のうち，社会保障（私たちが安心して生活していくために

必要な「医療」，「年金」，「福祉」，「介護」などのサービスを提供する制度）に関する支払い

の合計。

〈資料5〉

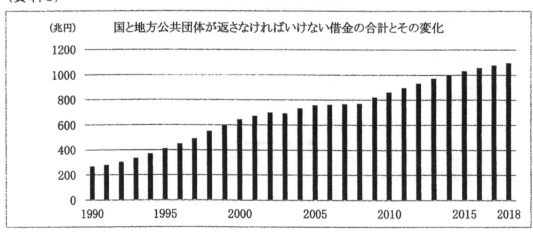

国と地方公共団体が返さなければいけない借金の合計とその変化

出典：財務省「財務関係データ」より作成

(https://www.mof.go.jp/policy/budget/fiscal_condition/basic_data/index.html)

9

〔問1〕

　いちとさんはひろこさんに見せてもらった〈資料1〉についてまとめようとしています。〈資料1〉から日本の医療保険制度はどのようなものかを読み取り，30字以内で書きなさい。

〔問2〕

　いちとさんは先生に作ってもらった資料を使い，探究活動の課題に取り組もうとしています。その中で日本の医療の現状について取り上げることになりました。解答欄の書き出しにつづく形で，〈資料2〉・〈資料3〉から読み取れる日本の医療の現状について，30字以内で書きなさい。

〔問3〕

　ひろこさんといちとさんの会話文や〔問1〕・〔問2〕で答えたこと，いちとさんが先生に作ってもらった〈資料4〉・〈資料5〉をふまえて，今後，日本の医療保険制度はどうあるべきか，あなたの考えを130字以上160字以内で書きなさい。

令和4年度

広島市立広島中等教育学校入学者選抜

適 性 検 査 2　 問題用紙

【検査にあたって】

・「始め」の合図があるまでは，開いて問題を見てはいけません。

・検査問題は，1ページから11ページまであります。

・答えは，すべて解答用紙に書きなさい。[♯]解答用紙は2枚あります。

・「始め」の合図があってから，問題用紙のページ数を確かめ，問題用紙の表紙および解答用紙2枚ともに受検番号を書きなさい。

・問題用紙のページ数が足りなかったり，やぶれていたり，印刷の悪いところがあった場合は，静かに手をあげなさい。

・「やめ」の合図があったら，筆記用具を置き，机の中央に，問題用紙，解答用紙（2枚目），解答用紙（1枚目）の順に（表）を上にして置きなさい。

・この検査の時間は，50分間です。

・問題用紙は，持ち帰ってはいけません。

♯教英出版 編集部　注
　編集の都合上、解答用紙は表裏1枚にまとめてあります。

受 　検 　番 　号

【問題1】
　次のいちとさんとひろこさんの会話を読んで，あとの問いに答えなさい。

いちとさん「昨日，ドライヤーで髪を乾かしていてふと思ったのだけど，ドライヤーって
　　　　　どのようなしくみになっているのかな。」

ひろこさん「気になるわね。いちとさんの家のドライヤーってどんな機能がついてる？」

いちとさん「うちのドライヤーは，風の強弱を変えたり，温度を温かくしたりしなかったり
　　　　　する機能があるよ。」

ひろこさん「なるほど。それならドライヤーの内部には，風を送るための部分と，風を温
　　　　　めるための部分がありそうね。」

いちとさん「そうだね。理科室にプロペラ付きモーターなどの実験器具があるから先
　　　　　生に相談して借りて，ドライヤーのしくみを再現してみよう！」

（数分後・・・）

いちとさん「先生が普通の電池ではできないかもしれないって，強力な電池を貸して
　　　　　くれたよ。」

ひろこさん「プロペラ付きモーター（図1）と電池を導線でつないで，動くかどうか確認
　　　　　してみよう。（図2）」

いちとさん「あれ，このモーターって導線をつなぐ場所（端子）が3か所（図1・A〜C）
　　　　　あるよ。内部はどうなっているのだろう。」

ひろこさん「先生が作った少し変わったモーターみたいよ。どうなっているか分からな
　　　　　いことは実験して，測定結果を表にまとめてみましょう。」

表．測定結果

電池の－極側と つないだ端子	電池の＋極側と つないだ端子	発生した風の強さ
A	B	弱い風
B	C	弱い風
A	C	強い風

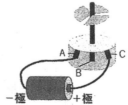

図1．プロペラ付きモーター　　図2．電池とプロペラ付きモーターをつないだ様子（一例）

ひろこさん「表の結果から，このモーターのつくりが少し分かったわね。あと，モーターの他にも，電気が流れると熱を出して熱くなる電熱線という器具やスライドスイッチ（図3）も借りてきたわ。」

いちとさん「スイッチってどう使うのだっけ？」

ひろこさん「スイッチには種類がいろいろあるけど，簡単な機能のものはオンとオフを切りかえることで導線に電気を流したり，流さないようにしたりできるのよ。今回使用するのはスライドスイッチね。このスライドスイッチは，導線をつなぐ場所がDとEとFの3か所あって，電気を通す黒く塗られた部分がスイッチといっしょに移動するの。スイッチが左にあるときはDとEがつながって，スイッチが真ん中にあるときはDとEとFはどれもつながらず，スイッチが右のときはEとFがつながる（図4）。そういうスイッチよ。」

いちとさん「そうか。ただのオンとオフだけでなく，部屋の照明が何段階か変わるようになっているスイッチもあるね。直列つなぎや並列つなぎも使い分けたらいろいろ作れそうだね。」

ひろこさん「そうね。ちなみに，こんな4段階のスライドスイッチ（図5）もあるわよ。このスイッチも黒く塗られた部分に電気が通るようになっていて，段階1～段階4まで動かすことができるのよ。」

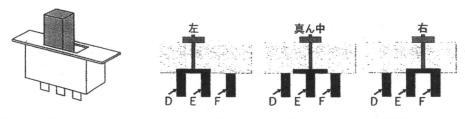

図3．スライドスイッチ　　　　図4．スライドスイッチのつながり方

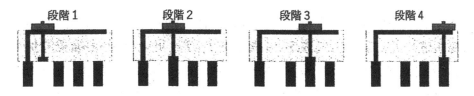

図5．4段階のスライドスイッチ

いちとさん「おもしろいね。たとえば，このスイッチを使ってこんな風に電池を増やしてつないでみたらどうなるかな（図6）。」

ひろこさん「なるほどね。これだと，【ア】。スイッチの段階が2から3，4になるにつれて，モーターは【イ】。」

2

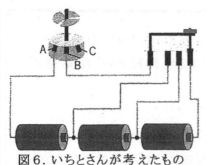

※図6の直線「——」は導線でつながっていることを表しており、直線が交差しているところの丸印「●」は、導線どうしがつながれていることを表している。

図6. いちとさんが考えたもの

〔問1〕

いちとさんは、電池とモーターをつないだとき、電池を増やすとどうなるかが気になったため、電池をさらに複数個用意して、図5の4段階スイッチを使用し、図6のように実験器具をつないだ。このとき、会話文中の【ア】にあてはまるひろこさんの言葉はどのようなものですか。下の①〜③から選びなさい。また、【イ】にあてはまるひろこさんの言葉を予想して書きなさい。

【ア】に当てはまるひろこさんの言葉

　　　① 直列つなぎの電池の数を変えることができるね

　　　② モーターの回る向きを変えることができるね

　　　③ 電池の直列つなぎと並列つなぎを変えることができるね

〔問2〕

温かく強い風を送る機能と、温まっていない弱い風を送る機能と、すべて使用しないオフの機能を、図4のスイッチを用いて作成したい。スイッチと電熱線、モーターの3つの実験器具を、どのようにつなげばよいか。図2のように、導線をつなぐ部分を線で表して、解答用紙の図に書きなさい。ただし、導線どうしが決して交わらないように書きなさい。

〔問3〕

いちとさんのドライヤーには、問2で考えた機能に加えて、温まっていない強い風を送る機能も付いている。そこで図5の4段階スイッチを用いて4つの機能を切りかえられるようにする場合、スイッチと電熱線とモーターの3つの実験器具を、どのようにつなげばよいか。図2のように、導線をつなぐ部分を線で表して、解答用紙の図に書きなさい。ただし、導線どうしが決して交わらないように書きなさい。

〔問4〕

身のまわりにある電気製品で、図4や図5のような複数の段階で切り替えられるスイッチを使って、複数の機能に切りかえることができるものを、ドライヤー以外に1つあげ、スイッチの位置によって何の機能が切り替わるのかを説明しなさい。

【問題2】

次のいちとさんとひろこさんの会話を読んで，あとの問いに答えなさい。

いちとさん「昨日，公園で新しい鉄棒（てつぼう）を見かけたのだけど，黒色だったことにおどろいたんだ。鉄棒は赤っぽいイメージだったから。」

ひろこさん「鉄はもともと黒色よ。だけど，さびが生じることによって赤色になるのよ。ずっと雨ざらしになっている鉄のねじやくぎも，同じように赤いさびが生じているのをよく見かけるよね。」

いちとさん「さびってなんで生じるの？」

ひろこさん「さびというのは，金属が空気中で酸素と結びつくこと（酸化）によって生じた物質なの。酸素と結びついた物質を酸化物って呼ぶのだけど，さびはその一種よ。金属には電気を通す性質があるけど，さびはそういう性質も失われているなど，見た目だけでなく性質ももとの金属とはちがう，全く別の物質になったといえるの。」

いちとさん「そうなんだね。でも，オリンピックとかでもらえる金メダルとかには，さびが生じて色が変わってしまったりしているイメージはないけど。」

ひろこさん「それは金属の種類によって，酸素との結びつきやすさがちがうことが原因かな。鉄はさびやすいけど，金は酸素と結びつきにくいためさびにくいの。だから，金属の表面を金などの別の金属でおおうことで，内部の金属がさびるのを防ぐメッキという技術がよく使われているわね。」

いちとさん「金メッキとか聞いたことはあったけど，ただかがやいていてカッコいいだけではなかったんだ。さびについてもっと詳しく調べてみるよ。ありがとう。」

〔問1〕

屋根などに使用されるトタンは，鉄よりも酸素と結びつきやすい（さびやすい）亜鉛（あえん）という金属を鉄の表面にメッキしている。この場合の亜鉛のはたらきを説明しなさい。

いちとさん「さびは時間をかけて物質が変化することによって生じるものだけど，時間をかけなくても，燃やしてみたりしたら何か変化が起きたりしないのかな？」

ひろこさん「いいところに気が付いたわね。燃やすというのは，空気中の酸素と結びつくことになるから，その方法でも酸化物を作れるわ。」

いちとさん「ためしに，ここにあるマグネシウムを加熱したらどうなるのかな。」

ひろこさん「酸素と結びついて，酸化マグネシウムという別の物質ができるわよ。ちなみに，うすい塩酸を使えばマグネシウムや酸化マグネシウムを溶かすこともできるのよ。」

いちとさん「じゃあ，うすい塩酸があれば，それらの物質をいくらでも溶かせるんだね。」

ひろこさん「いいえ。うすい塩酸に溶かせるマグネシウムや酸化マグネシウムの量には限りがあるの。じゃあそれらのことを実験で調べてみましょうか。」

いちとさん「うん。調べてみよう。」

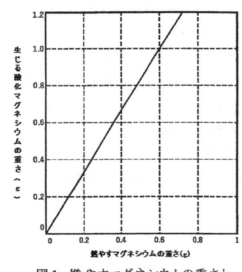

図1．燃やすマグネシウムの重さと
生じる酸化マグネシウムの重さ

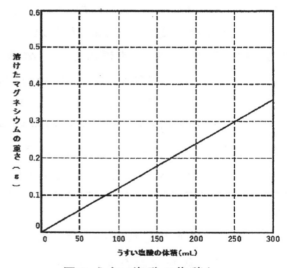

図2．うすい塩酸の体積と
溶けたマグネシウムの重さ

〔問2〕

　　図1のグラフは，燃やすマグネシウムの重さと，生じる酸化マグネシウムの重さの関係を表している。また，図2のグラフは，ある濃度のうすい塩酸の体積と，溶かすことのできるマグネシウムの重さの関係を表している。

200

280

320

〔問1〕

(1)
（燃やすマグネシウムの重さ）：（結びつく酸素の重さ）＝　　　　　　　：

〔問2〕

(2)

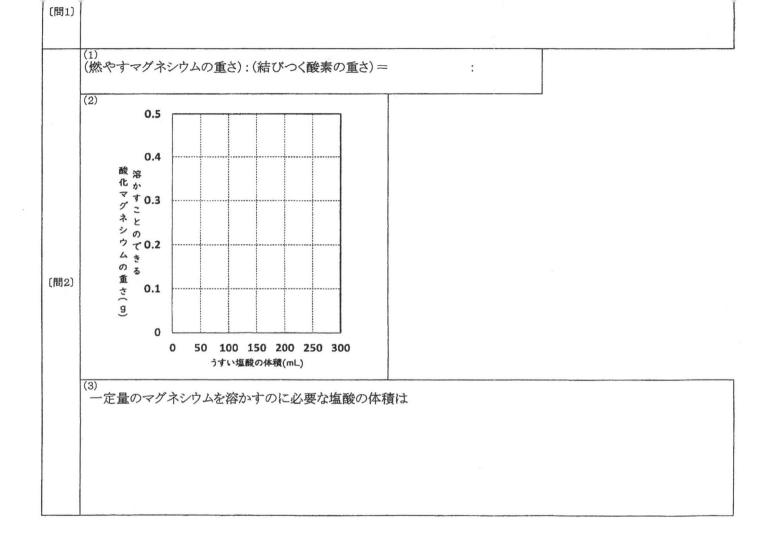

(3)
　一定量のマグネシウムを溶かすのに必要な塩酸の体積は

〔問3〕	エ

考え方

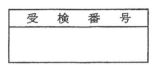

【問題3】

〔問1〕		通り	〔問2〕		通り	〔問3〕	
〔問1〕							

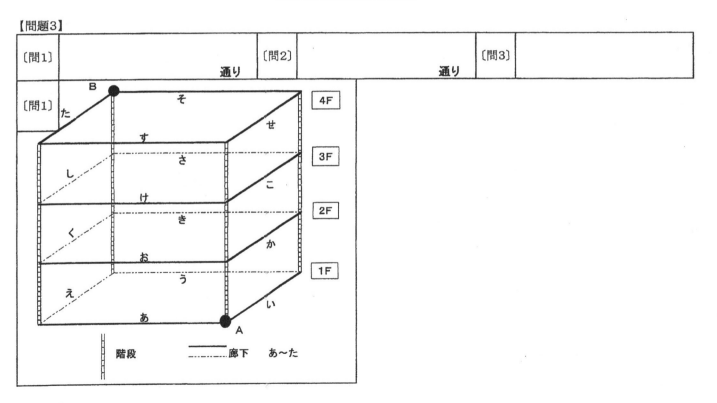

| 4F |
| 3F |
| 2F |
| 1F |

階段　　　廊下　あ～た

【問題4】

ア

令和4年度
広島市立広島中等教育学校入学者選抜
適 性 検 査 2 解 答 用 紙

受 検 番 号

※100点満点
（配点非公表）

【問題1】

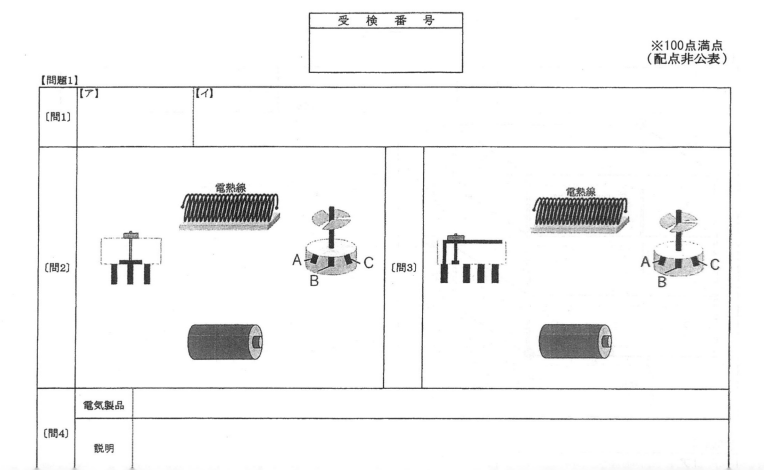

| 〔問1〕 | 【ア】 | 【イ】 |

| 〔問2〕 | | 〔問3〕 |

| 〔問4〕 | 電気製品 | |
| | 説明 | |

【問題2】

〔問1〕	
〔問2〕	医療の進歩により,
〔問3〕	

100

130

令和４年度
広島市立広島中等教育学校入学者選抜
適 性 検 査 １ 解 答 用 紙

受 検 番 号

※100点満点
（配点非公表）

【問題1】

〔問1〕(1)																				

〔問1〕(2)	Ⅰ		Ⅱ		Ⅲ	

〔問1〕(3)

100

【解答

(1) 図1のグラフより，燃やすマグネシウムの重さと結びつく酸素の重さの関係を最も
　　簡単な(小さな)整数の比で表しなさい。例えば，比が10：2であるならば，最も簡
　　単な整数の比は5：1となり，比が1：0.5である場合は，最も簡単な整数の比は
　　2：1となる。

(2) 次の表は，図2と同じ濃度のうすい塩酸の体積と，0.4gの酸化マグネシウムを
　　入れたときの溶け残った酸化マグネシウムの重さを表している。この表の結果より，
　　同じ濃度のうすい塩酸の体積と，溶かすことのできる酸化マグネシウムの重さの関
　　係を解答用紙のグラフに表しなさい。また，このグラフを図3とする。

表　うすい塩酸の体積と溶け残った酸化マグネシウムの重さ

うすい塩酸の体積（mL）	50	100	150	200	250
溶け残った酸化マグネシウムの重さ（g）	0.3	0.2	0.1	0	0

(3) 図1〜3より，マグネシウムを溶かすのに必要な塩酸の体積と酸化マグネシウムを
　　溶かすのに必要な塩酸の体積の関係を説明しなさい。ただし，解答は「一定量
　　のマグネシウムを溶かすのに必要な塩酸の体積は」に続けて書きなさい。

【問題3】

ひろしさんとまちこさんがオープンスクールに参加しました。生徒玄関で受け付けを済ませ，Aの場所で校内案内図（図1）を見ました。

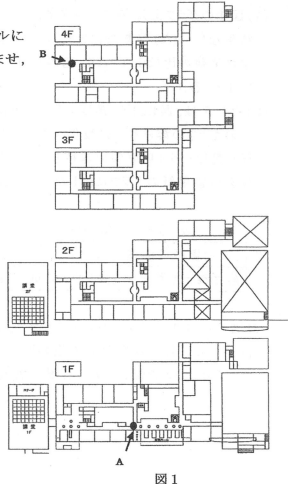

図1

ひろしさん	「入学したら，英語の授業を受けるのが楽しみなんだ。1年生の英語の授業を見てみたいよね。」
まちこさん	「今の時間で1年生の英語の授業をしているのは，4FのBの場所の近くだね。」
ひろしさん	「最短距離でAからBに行きたいけど，どうやって行けばいいのかな？」
まちこさん	「この図1では分かりにくいので，廊下と階段だけを単純に直線で表した図2で考えてみよう。」
ひろしさん	「図2だとよくわかるね。最短距離で行く方法は1通りしかないね。」
まちこさん	「本当だね。図2に太線で書き込んでみるね。」

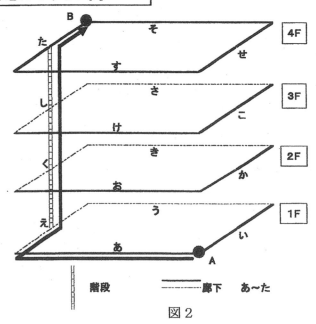

階段　　　　　廊下　あ〜た

図2

ひろしさん 「階段をたくさん増やすと色々な行き方がありそうだね。」
まちこさん 「図3のように4つ階段をつけると，AからBに最短距離で行く方法
　　　　　　は何通りになるのかしら？」

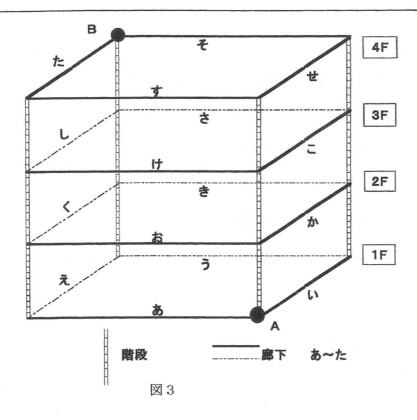

図3

〔問1〕
　図3のような廊下と階段があるとき，AからBまで最短距離で行く方法は全部で何
通りあるか答えなさい。また，AからBまで最短距離で行く方法の1つを解答用紙の
図に書きなさい。ただし，書き方は図2のように書きなさい。

ひろしさん 「階段が増えるとたくさんの行き方ができるのがわかったね。」
まちこさん 「では，図4のように『お』と『か』の廊下が通れなくなっていたらどうな
　　　　　　るのかしら？」」
ひろしさん 「〔問1〕で考えた時より少なくなるのはわかるのだけど・・・何通りある
　　　　　　か考えてみるよ。」

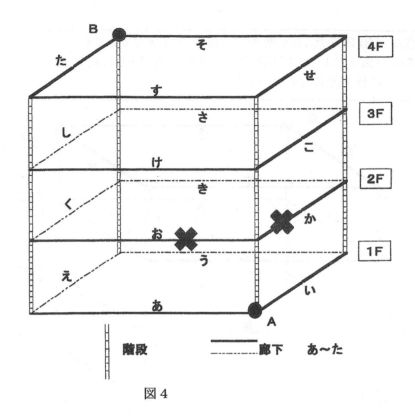

図4

〔問2〕
　図4のように『お』と『か』の廊下が通れなくなっているとき，AからBまで最短距離で行く方法は全部で何通りあるか答えなさい。

ひろしさん　「1つの廊下が通れなくなっただけでも行き方は少なくなるよね。」
まちこさん　「では，1つの廊下が通れなくなったとき，〔問1〕で考えたときより4通り少なくなる時はあるのかな？」
ひろしさん　「よし！考えてみるよ。」

〔問3〕
　1つだけ廊下が通れなくなったとき，〔問1〕で考えたときより4通り少なくなるのはどの廊下が通れなくなったときですか。『あ』〜『た』で答えなさい。ただし，答えは何通りかあるので，そのうちの1つを答えなさい。

【問題4】
　ひろしさんといちとさんが次のような会話をしています。

ひろしさん	「おはよう，いちとさん。今日は2022年1月16日，日曜日だね。みんな，がんばってほしいな。」
いちとさん	「おはよう，ひろしさん。そうだね。今はきっと緊張しているだろうけど，10日もたてばきっと気持ちも軽くなってるはずだよ。」
ひろしさん	「そうだといいね。ところで，10日後って何曜日かわかる？」
いちとさん	「えーっと1週間後，つまり7日後が今日と同じ日曜日だな。ということは8日後が月曜日，9日後が火曜日だから，10日後は水曜日だね。」
ひろしさん	「じゃあ1年後の2023年1月16日って何曜日でしょうか？」
いちとさん	「1年後？1日ずつ数えるのはさすがに時間がかかるな。効率よく求めるには・・・，そうか，わり算で考えるといいね。」
ひろしさん	「さすがいちとさん。1週間，つまり7日たつと，もとの曜日に戻るから7でわったときのあまりを考えればいいよね。例えば10日後を考えるときは10を7でわったときのあまりが3で，今日は日曜日だから日曜日から3つ曜日が進んだ水曜日が答えということになるね。」
いちとさん	「その方法で考えると，今日から1年後は【ア】曜日と求めることができるね！」

〔問1〕
　【ア】に当てはまる言葉を答えなさい。

ひろしさん	「この調子で未来の曜日をもっと考えてみようよ。じゃあ，5年後の2027年1月16日は何曜日になるか，わかるかな？」
いちとさん	「ちょっと待ってね，考えてみるから・・・。わかった！【イ】曜日だ！」
ひろしさん	「残念。正解は【ウ】曜日なんだよね。」
いちとさん	「え，なんで・・・？あ，そうか！うるう年を考えてなかった！」
ひろしさん	「そういうこと。4年に一度，1年は366日になるからね！一番近い未来では，2024年がうるう年だよ。」

〔問2〕
　【イ】，【ウ】に当てはまる言葉を答えなさい。

ひろしさん　「次は500年後の2522年1月16日が何曜日か，考えよう！」

いちとさん　「500年後・・・。よーし，がんばるぞ！今度はうるう年に気をつけて計算しようっと。」

ひろしさん　「いちとさん，ちょっと待って。実はうるう年が4年に一度，必ず来るとは限らないんだ。」

いちとさん　「え！それは知らなかったな。どういうこと？」

ひろしさん　「うるう年はほとんどが西暦で考えると4でわり切れる年なんだ。ただし例外があって，100でわり切れて400でわり切れない年はうるう年ではないんだ。本当はもう少し複雑らしいんだけど，500年後までを考えるときはこれでだいじょうぶかな。」

いちとさん　「じゃあ，計算してみるよ・・・。答えは【エ】曜日だ！」

ひろしさん　「さすが，いちとさん。正解だよ！」

〔問3〕

　　【エ】に当てはまる言葉を答えなさい。また，答えだけでなく，考え方も書きなさい。

令和3年度

広島市立広島中等教育学校入学者選抜

適 性 検 査 1 問題用紙

【検査にあたって】

・ 「始め」の合図があるまでは，開いて問題を見てはいけません。

・ 検査問題は，1ページから7ページまであります。

・ 答えは，すべて解答用紙に書きなさい。解答用紙[♯]は2枚あります。

・ 「始め」の合図があってから，問題用紙のページ数を確かめ，問題用紙の表紙および解答用紙2枚ともに受検番号を書きなさい。

・ 問題用紙のページ数が足りなかったり，やぶれていたり，印刷の悪いところがあった場合は，静かに手をあげなさい。

・ 「やめ」の合図があったら，筆記用具を置き，机の中央に，問題用紙，解答用紙（2枚目），解答用紙（1枚目）の順に（表）を上にして置きなさい。

・ この検査の時間は，40分間です。

・ 問題用紙は，持ち帰ってはいけません。

・ 文章で答える問題は，句読点や記号も1字と数えます。

♯教英出版 編集部　注
　編集の都合上、解答用紙は表裏1枚にまとめてあります。

受 検 番 号

【問題1】

　ゆうとくんは，同じグループで探究活動に取り組んでいるまりこさんに，自分の集めた資料を見せています。2人の会話と資料を読んで，あとの問いに答えなさい。

まりこさん　「探究活動のテーマは決まった？」

ゆうとくん　「僕は，最近話題になった日本の※1化石賞受賞のニュースが気になったから環境の問題について調べることにしたんだ。」

まりこさん　「なるほど，面白そうね。」

ゆうとくん　「調べたことをこんなふうに（2ページ）まとめてみたんだ。」

※1　化石賞…地球温暖化対策などに前向きな姿勢を見せない国に，皮肉をこめて贈る賞のこと。

まりこさん　「日本は中国・アメリカ・インド・ロシアに次いで5番目に二酸化炭素排出量が多いのね。化石賞をもらった理由は，このあたりにあるのかしら。」

ゆうとくん　「うん，そうだね。そして，資料2から日本の二酸化炭素排出量の割合がもっとも高い部門は，エネルギー転換部門だということがわかったよ。」

まりこさん　「エネルギー転換部門？それって何なの？」

ゆうとくん　「発電する部門のことだよ。二酸化炭素排出量を減らすためには，日本の発電に着目しないといけないことがわかったんだ。だから，資料3から資料5は，日本の発電に関するものなんだ。」

まりこさん　「なるほどね。その資料4からは，2010年と2015年の間を比べてみると（　①　）という大きな変化がおきているのね。」

ゆうとくん　「その通り。その発電方法の危険性が大きく報じられたんだ。」

まりこさん　「そうか，だから新エネルギーが注目されているのね。でも，太陽光や風力などの新エネルギーを使った発電だと，天候に左右されやすいという問題と，石油まではいかないけれど（　②　）という問題が出てくるわね。」

ゆうとくん　「これまで主だった化石燃料での発電には，（　③　）という問題もあるし。」

まりこさん　「これらの問題をどう乗りこえていくべきなのかしら。これからも電気を使い続けることになるだろうから，こうした問題を改善できる発電にしていく必要がありそうね。なんだかおもしろい探究活動になりそうね！」

ゆうとくんがまとめた資料

【資料1】
二酸化炭素排出量ランキング
（2017年）

順位	国名	二酸化炭素排出量 (t)
1位	中国	92億5800万
2位	アメリカ	47億6100万
3位	インド	21億6200万
4位	ロシア	15億3700万
5位	日本	11億3200万
6位	ドイツ	7億1900万
	世界全体	328億4000万

【資料2】
日本の部門別二酸化炭素排出量（2018年度）

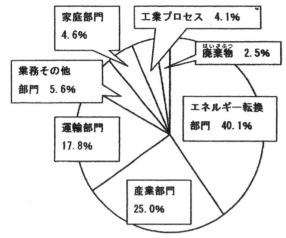

家庭部門 4.6%
工業プロセス 4.1%
廃棄物 2.5%
業務その他部門 5.6%
エネルギー転換部門 40.1%
運輸部門 17.8%
産業部門 25.0%

【資料3】　各発電方法の特徴

発電方法	発電コスト (円/kWh)	二酸化炭素排出量 (g-CO₂/kWh)	
水力	11.0	11	
石炭	12.3	943	化石燃料
天然ガス	13.7	599	
石油	30.6	738	
原子力	10.1	19	
太陽光	24.2	38	新エネルギー
風力	21.6	26	
地熱	16.9	13	

【資料4】　発電方法別の発電量における割合

発電方法	1980年	1990年	2000年	2010年	2015年	2017年
水力	17.4%	11.9%	9.6%	7.3%	8.4%	8.0%
石炭	4.5%	9.7%	18.4%	27.8%	34.1%	32.3%
天然ガス	15.4%	22.2%	26.4%	29.0%	40.8%	39.8%
石油	45.6%	28.6%	10.7%	8.6%	9.8%	8.7%
原子力	16.9%	27.3%	34.3%	25.1%	0.9%	3.1%
新エネルギー	0.2%	0.2%	0.6%	2.2%	5.9%	8.1%
合計	100.0%	100.0%	100.0%	100.0%	100.0%	100.0%

※1　発電コスト…一定の電力を発電するためにかかる費用のこと。ただし、ここでは発電所建設にかかった費用などは含まない。

※2　kWh（キロワットアワー）…1キロワット（kW）の電力を1時間（h）発電したときの電力量を表す単位

※3　円/kWh…1kWh あたりの発電にかかった費用

※4　g-CO2/kWh…1kWh のエネルギーを発生させる際に出る二酸化炭素の質量

【資料5】
化石燃料の可採年数

燃料名	年数
石炭	153年
天然ガス	52.5年
石油	50.6年

※5　可採年数…それぞれの資源の確認されている埋蔵（まいぞう）量を、年間の使用量で割ったもの。

資料1　出典）EDMC／エネルギー・経済統計要覧 2020年版　全国地球温暖化防止活動推進センターウェブサイトより作成
https://www.jccca.org/chart/chart03_01.html

資料2　出典）温室効果ガスインベントリオフィス　全国地球温暖化防止活動推進センターウェブサイトより作成
https://www.jccca.org/chart/chart04_04.html

資料3　経済産業省　資源エネルギー庁・一般財団法人日本原子文化財団ウェブサイトより作成
https://www.enecho.meti.go.jp/committee/council/basic_policy_subcommittee/#cost_wg
https://www.ene100.jp/zumen/2-1-9

資料4　経済産業省　資源エネルギー庁　『エネルギー白書』(2019)より作成
https://www.enecho.meti.go.jp/about/whitepaper/2019html/2-1-4.html

資料5　経済産業省　資源エネルギー庁　『エネルギー白書』(2018)より作成
https://www.enecho.meti.go.jp/about/whitepaper/2018html/2-2-2.html

〔問1〕

　会話文の（　①　）にあてはまる適切な文を，資料をもとに50字以内で答えなさい。

〔問2〕

　会話文の（　②　）にあてはまる適切な文を，資料をもとに10字以内で答えなさい。

〔問3〕

　会話文の（　③　）にあてはまる適切な文を，資料をもとに30字以内で答えなさい。

〔問4〕

　会話文の ―――― 線部に関して，日本では今後どのような方法による電力の供給を行えばよいでしょうか。あなたの考えを，120～150字で書きなさい。ただし，ゆうとくんが集めた資料をふまえた内容にすること。

このページは白紙です。

【問題2】

次の〈A〉，〈B〉の文章を読んで，あとの問いに答えなさい。

〈A〉

日本の義務教育における国語教育は，漢字の読み書きができ，文章の書き手の意図を読み取る力を身につけるところで終わっています。したがってテストも，筆者が何を言いたいのかを出題者が尋ね，その意図通りの答えを正解としてきました。いわば，「他者に寄り添う」力を問うてきたのです。

つまり日本における「①読解力」は，書き手の意図を読み取る力でしかありません。「若者の読解力が下がった」と騒いでいますが，そのような狭い意味においては，上の世代と大差ないでしょう。

一方，読解力と訳されることの多い英語の「②リーディングリテラシー」は，読み取った上で自由に自分の意見を述べ，次の行動に結びつけることを指します。多くの日本人は苦手で，低いレベルにとどまっています。

日本には自由記述問題を無回答にする子どもも多く，PISA（国際学習到達度調査）でも，学ぶ意欲や学んだ上での表現力が低いことがわかりました。学びがそれぞれの教科内に限定され，それ以外の世界に※1逸脱することが許されません。他人の文章をもとに，自分の考えを※2紡ぐ※3鍛錬をしてこなかったからです。（中略）

1980年代以降は，探究型の学びが導入されるたびに，学力が低下すると※4批判を浴びて※5足踏みしました。入試問題の自由度も低く，記述式の問題には「公平な採点ができない」という批判がつきまといます。そのため答えが単純で，採点しやすいものしか作れていません。これでは教科ごとの狭い意味の読解力と暗記力を試しているだけで，違った能力を持つ人を排除する，不公平な入試だという見方もできます。

フランスの大学入学資格試験（バカロレア）では，※6普遍的な問いに対して，4時間かけて数枚の用紙にその人の考えを書かせます。そこには，市民は自分の考えを表現し主張できる能力が必要だという考え方があります。日本も，意欲的に自分で学びたいことを見つけ，正しいとされてきたことが本当にそうなのかを検討し，新しいものを作っていく力を養うべきです。

グローバル時代に生き残れる人材を育てたいのなら，国語力の※7定義を見直し，自分の考えを論理的に伝える力をもっと評価していく必要があるでしょう。

〈B〉

<A><B>『「国語を学ぶ」とは』2020年（令和2年）4月4日『朝日新聞』朝刊より作成
<A>東京大学名誉教授　根本　彰　　<B>猫の手ゼミナール代表　渡邊　峻

※1　逸脱…本筋や決められた枠から外れること。

※2　紡ぐ…言葉を選んで文章を作ること。

※3　鍛錬…訓練を積んで心身・技能をりっぱにすること。

※4　批判…人の言動・仕事などの誤りや欠点を指摘し，正すべきであるとして論じること。

※5　足踏み…物事の進行が止まって、同じような状態が続くこと。

※6　普遍的…時代や環境が変わっても，変わらない共通の事柄である様子。

※7　定義…物事の意味・内容を他と区別できるように言葉で明確に限定すること。

※8　インプット…入れること。吸収。

※9　アウトプット…出すこと。表出。

※10　レパートリー…自信をもってこなせる範囲・領域

※11　AO入試…大学入試方法の一つ。学力試験のみで合否を判定するのではなく，学校における成績や小論文，面接などで人物を評価し入学の可否を判断する制度。

※12　処方箋…医師が，薬について薬剤師に与える指示書。ここでは比喩的に，ある問題を解決するのに効果的な方法，という意味で用いられている。

※13　添削…文章・答案などをけずったり書き加えたりして直し，いっそう良くすること。

〔問1〕
　　───線部①「読解力」と───線部②「リーディングリテラシー」は，どのように違うのか，簡潔に説明しなさい。

〔問2〕
　　───線部③「大学の課題の小論文やリポートで，最初の1文を書けずに手が止まってしまうのです。」とあるが，それはなぜだと〈B〉の筆者は考えていますか。簡潔に説明しなさい。

〔問3〕
　あなたは「表現力」を伸ばすために，学校においてどのような取組が必要だと思いますか。次の条件に従って，自分の意見を書きなさい。

```
条件1　〈A〉，〈B〉の文章で述べられた筆者の意見を明確にすること。
条件2　学校の授業の中で取り組むべき内容を、理由もあわせて具体的に
　　　　書くこと。
条件3　段落は2段落構成にすること。
条件4　350〜400字で書くこと。
```

令和3年度

広島市立広島中等教育学校入学者選抜

適 性 検 査 2−1 問題用紙

【検査にあたって】

・ 「始め」の合図があるまでは，開いて問題を見てはいけません。

・ 検査問題は，1ページから7ページまであります。

・ 答えは，すべて解答用紙に書きなさい。

・ 「始め」の合図があってから，問題用紙のページ数を確かめ，問題用紙の表紙および解答用紙に受検番号を書きなさい。

・ 問題用紙のページ数が足りなかったり，やぶれていたり，印刷の悪いところがあった場合は，静かに手をあげなさい。

・ 「やめ」の合図があったら，筆記用具を置き，机の中央に，問題用紙，解答用紙の順に（表）を上にして置きなさい。

・ この検査の時間は，40分間です。

・ 問題用紙は，持ち帰ってはいけません。

受 検 番 号

【問題1】
　ひろしくんとまちこさんが次のような会話をしています。

ひろしくん	「世界中の人が食べ物で困らない，夢の薬を思いついたよ。夢の薬だから，実現は難しいだろうけどね。」
まちこさん	「夢の薬？おもしろそうだから，どんな薬か教えてよ。」
ひろしくん	「例えば，どら焼きが1個あるとするよ。その薬をふりかけて1分後に数が2倍になって，まったく同じどら焼きが2個になる。さらに1分後，つまり薬をふりかけてから2分後にまた2倍になって4個になるんだ。」
まちこさん	「確かに実現の難しそうな薬だけど，本当にそんな薬があると考えると，薬をふりかけてから3分後には8個，4分後には16個，と増えていくことになるわね。」
ひろしくん	「そうそう。そうやって計算していくと，①薬をふりかけてから10分後にどら焼きが何個になるか，わかる？」

〔問1〕
　下線部①について，薬をふりかけてから10分後にどら焼きが何個になるか，答えなさい。

まちこさん	「10分後でも思った以上に数が多いわね。でも現在の世界の人口は70億人以上いるというから，世界中の人が食べ物で困らない，というのは言いすぎじゃない？」
ひろしくん	「いやいやこの薬のすごいところはここからなんだよ。じゃあ，さっきの計算を続けていって，薬をふりかけてから何分後にどら焼きが70億個をこえることになるか，考えてみようよ。」
まちこさん	「え！70億？さすがに70億まで計算するのは時間がかかりすぎるんじゃない？」
ひろしくん	「そうだね。確かに大変だから，薬をふりかけてから10分後にどら焼きが1000個になるとして計算することにしよう。」
まちこさん	「つまりどら焼きの個数が10分間で1000倍になっていくと考えるということだね。そうすると薬をふりかけてから【　ア　】分後に100万個，【　イ　】分後に10億個になると考えてよいことになるね。」
ひろしくん	「そうそう。でも，さらに10分後を考えるとたぶん70億個を大きくこえることになると思うから，10億個になってからは1分ずつ考えて，2倍していってみるといいと思うよ。」

〔問2〕
　【　ア　】，【　イ　】にあてはまる数を書きなさい。また，薬をふりかけてから何分後にどら焼きが70億個をこえると考えられるか，答えなさい。

まちこさん	「まさしくこれは夢の薬だね。」
ひろしくん	「世界中の人が食べ物で困らない，というのも言いすぎではないでしょ？」
まちこさん	「そうだね。そうそう，ところで今の話を聞いて，わたしも思いついたことがあるの。今度は夢の話ではないけどね。」
ひろしくん	「え？どんなこと？」
まちこさん	「1枚の紙を2等分に切り，その2枚を重ねてまた切って2等分するよ。」
ひろしくん	「1回切ると2枚，2回切ると4枚，3回切ると8枚，と増えていくことになるね。あ！さっきの話に似てるよ！」
まちこさん	「そうでしょう？10回切ってできた紙をすべて重ねると，厚みは何cmになった？」
ひろしくん	「6．4cmになった。」
まちこさん	「じゃあ，この紙を同じようにして何回も切ることができるとすると，②重ねた紙の厚さが地球の直径約12700kmをこえるのは，最初の1枚の紙から考えて何回切ったときになるか，わかるかな？」
ひろしくん	「え！地球の直径？すごく大きな数だから，今までぼくたちが話してきたような方法で考えてもいいかな？」
まちこさん	「そうしましょう。」

〔問3〕

　下線部②について，重ねた紙の厚さが地球の直径約12700kmをこえるのは，最初の1枚の紙から考えて何回切ったときになるか，答えなさい。また，答えだけでなく，考え方も書きなさい。

【問題2】
　ひろしくんとまちこさんが以下のようなルールで「数字当てゲーム」をしています。

```
数字当てゲームのルール
①　問題を作る人は，1から5までの5個の数字から3個使って，3けたの数字
　　を書いてください。ただし，3けたすべてちがう数字で書いてください。
　　たとえば，452，123など。
②　答える人は，その3けたの数字を，「あなたの数字は，○○○ですか。」と
　　聞いてください。聞かれた人は，『イート』と『バイト』で答えてください。
③　それをくりかえして，3けたの数字を当てるゲームです。
```

まちこさん　「イートとバイトって何ですか。」
ひろしくん　「聞かれた数字によって，ヒントを答えるんだよ。
　　　　　　　たとえば，452が答えのとき，「132ですか。」と聞かれたら，1と3は答
　　　　　　　えの3けたに使われていないけど，2は使われていて場所もあっている
　　　　　　　ので，「1イート，0バイト」と答えるよ。
　　　　　　　「135ですか。」ときかれたら，1と3は答えの3けたに使われていないけ
　　　　　　　ど，5は使われていて場所はちがっているので，「0イート，1バイト」と答
　　　　　　　えるんだ。」
まちこさん　「じゃあ，「415ですか。」と聞かれたら，1は答えの3けたに使われてい
　　　　　　　ないけど，4は使われていて場所もあっていて，5は使われていて場所
　　　　　　　はちがっているので，「1イート，1バイト」ってことなの。」
ひろしくん　「そうだよ。だから，「542ですか。」ときかれたら，
　　　　　　　「　(ア)　イート，　(イ)　バイト」ってことだね。」

まちこさん　「なるほどね。」
ひろしくん　「じゃあ，ぼくが練習問題を出すね。好きな数字を言ってみてよ。」
まちこさん　「あなたの数字は，342ですか。」
ひろしくん　「うわっ。いきなり　0イート，3バイト。」
まちこさん　「3バイトということは，2と3と4はすべて使われていて，3個とも場所は
　　　　　　　ちがうってことね。
　　　　　　　うーん・・・・・・・・・・・・そうか，答えは234か　(ウエオ)　ね。」

ひろしくん　「そうだね。」

まちこさん　「では，　(ウエオ)　ですか。」

ひろしくん　「ピンポン。正解でーす。」

〔問1〕

　上の会話文の　(ア)　，　(イ)　，　(ウエオ)　にあてはまる数を答えなさい。

ひろしくん	「何回かやったから少し慣れてきたかな。」
まちこさん	「そうね。でも今気がついたけど、「2イート，1バイト」と「0イート，0バイト」となることがあまりないような気がするんだけど・・・。」
ひろしくん	「そうだよね。実は、①2イート，1バイト」と「0イート，0バイト」となることは絶対におこらないんだよ。」
まちこさん	「どうして？」
ひろしくん	「それはね。　　A　　」
まちこさん	「あっそうか。」

〔問2〕

　　　　A　　　の中には，下線部①『「2イート，1バイト」と「0イート，0バイト」となることがおこらない』の理由が入ります。説明しなさい。

ひろしくん	「ここから本番ね。さあ第1問だ。問題書いたよ。どうぞ。」
まちこさん	「あなたの数字は　（カキク）　ですか。」
ひろしくん	「0イート，2バイトです。」
・・・・・・・・・・・・・・・・・・・・・・・・・・・・・・・	
まちこさん	「341ですか。」
ひろしくん	「正解でーす。それでは続いて第2問。どうぞ。」
まちこさん	「あなたの数字は，532ですか。」
ひろしくん	「1イート，1バイトです。」
・・・・・・・・・・・・・・・・・・・・・・・・・・・・・・・	
まちこさん	「　（カキク）　ですか。」
ひろしくん	「正解でーす。」
まちこさん	「なあんだ。第1問で，私が最初に言った数字が第2問の正解だったのね。」
ひろしくん	「そうだよ。さっき最初に言ったから今回は言わないと思ってそうしたんだ。」

〔問3〕

　　上の会話文の　（カキク）　にあてはまる数字を答えなさい。ただし，答えは何通りかありますが，そのうちの一つを答えなさい。

4

【問題3】

　いちとくんとひろしくんとまちこさんが，図1のような直方体の積み木を15個，図2のように，たて，横が交互になるように積み上げました。ただし，積み木はすき間やずれがないようにします。

図1

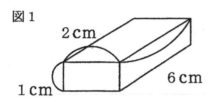

2cm

1cm

6cm

図2

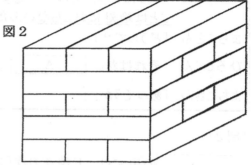

　3人はここから順番にひとつずつ積み木を抜き取って，積み上げるゲームを始めました。じゃんけんに勝ったいちとくんからゲームははじまりました。そのゲームは，直方体の積み木で組み上げた図2のタワーから片手で1つずつ積み木を抜き取って，最上段へ積み上げていくというものです。

いちとくん	「よし。うまくとれた。次はひろしくんだよ。」
ひろしくん	「うーん，どこから取ろうかな。」
まちこさん	「そういえば，今の状態のこの積み木全体の表面積って，いったいどれくらいなんだろう。」
いちとくん	「表面積って，立体の表面にあるすべての面の面積の和で求められるんだよね。」
まちこさん	「木同士が重なっていない部分の面積の和を求めればいいんだよね。」

図3

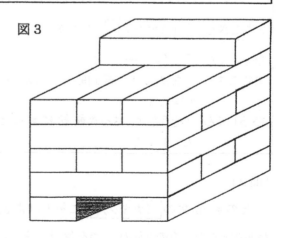

〔問1〕
　いちとくんは積み木を取った後，図3のように最上段に積み上げました。この立体の表面積を求めなさい。

Ｋ教英出版

3人が一度ずつ積み木を取った後，タワーは次の図4−①のようになりました。

図4−①

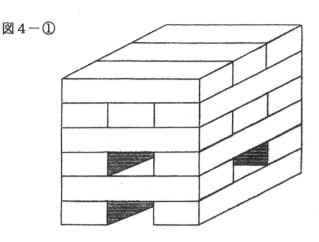

〔問2〕
　図4−①の立体の表面積の求め方を，式を使って書きなさい。また，答えも書きなさい。

図4−②　　　　　　　　　　　　　　図4−③

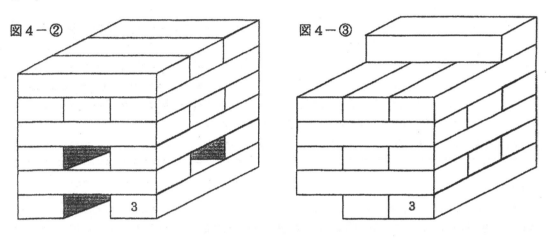

いちとくん　「ぼくの番だね。今はうまくバランスがとれているけど，ここを取ったらどうなるだろうか。」

　　いちとくんが図4−②の3番の積み木を取ったとたんに，このタワーはくずれてしまいました。

いちとくん　「あー，ぼくの負けだ。」
まちこさん　「いちとくん，そこはこのタワーのバランスをくずしてしまうから，だめだよ。図4−③のような状態なら，なんとかバランスがとれると思うんだけどね。」

まちこさんは図5のように新たにタワーを組みなおし、図6のように同じ段から2つの積み木を取ってもバランスが保てる取り方を見せました。

図5　　　　　　　　　　　　　　　　　　図6

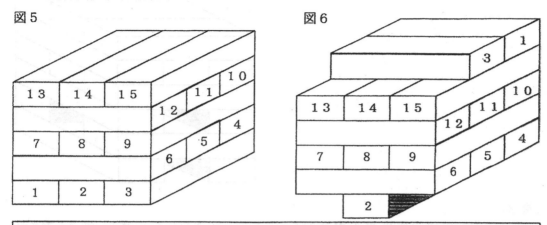

まちこさん	「この積み木の2番を残して、1番と3番を取ると、バランスが保てるよ。」
いちとくん	「そうか。真ん中なら、一つだけでもバランスがとれるんだね。他にルールはあるのかな？」
まちこさん	「抜き取ってから積み上げるまで片手しか使ってはいけないよ。また、最上段に3つないときに上から2段目の積み木を取るのは禁止なんだって。それから、最上段に3つの積み木をすき間なく積んでから、次の段に積み木を積まなければいけないよ。」
ひろしくん	「じゃあもう一度やってみよう。2回戦だ。」

〔問3〕
　図5の状態から2回戦をはじめ、タワーをくずすことなく3人が2回ずつ積み木を抜き取り、積み上げました。この間に3人が抜き取った積み木が1番〜12番のみだった場合の積み木の番号を、図5から選んで答えなさい。また、そのときの表面積を求めなさい。ただし、積み木の抜き取り方は何通りかありますが、その一つを答えなさい。なお、抜き取った積み木の番号は小さい順に書くこと。

令和3年度

広島市立広島中等教育学校入学者選抜

適 性 検 査 2−2 問題用紙

【検査にあたって】

・ 「始め」の合図があるまでは，開いて問題を見てはいけません。

・ 検査問題は，1ページから7ページまであります。

・ 答えは，すべて解答用紙に書きなさい。

・ 「始め」の合図があってから，問題用紙のページ数を確かめ，問題用紙の表紙および解答用紙に受検番号を書きなさい。

・ 問題用紙のページ数が足りなかったり，やぶれていたり，印刷の悪いところがあった場合は，静かに手をあげなさい。

・ 「やめ」の合図があったら，筆記用具を置き，机の中央に，問題用紙，解答用紙の順に（表）を上にして置きなさい。

・ この検査の時間は，40分間です。

・ 問題用紙は，持ち帰ってはいけません。

受 検 番 号

【問題1】

次のいちとくんとひろこさんの会話を読んで，あとの問いに答えなさい。

ひろこさん 「ねえ，『密度』って知っている？」
いちとくん 「密度？何，それ？」
ひろこさん 「1cm³あたりの※1質量のことよ。例えば，4cm³が12gの小石は，1cm³あたり3gとなるから，密度は※2 3g/cm³となるのよ。」
いちとくん 「密度を使うと，何か便利のいいことはあるの？」
ひろこさん 「そうね，例えば木片は水に浮くでしょう。これは木片の密度が 0.5～0.7g/cm³ぐらいで，水の密度の1g/cm³より小さいからよ。」
いちとくん 「そうなんだ。金属は水に沈むから，密度は1g/cm³より大きいんだね。」
ひろこさん 「その通りよ。アルミニウムは3g/cm³，鉄は8g/cm³ぐらいね。」
いちとくん 「気体の場合も同じなの？」
ひろこさん 「気体でも同じように考えることができるのよ。でも，気体はとても軽いため，1Lあたりの質量にすることもあるみたいね。例えば，25Lが2gの水素の密度は※3 0.08g/Lとなるのよ。」

※1 質量…gやkgなどで表される物質の量を「質量」とよぶ。
※2 g/cm³…単位はグラム毎立方センチメートルと読み，3g/cm³とは1cm³あたり3gという意味である。
※3 g/L…単位はグラム毎リットルと読み，0.08g/Lとは1Lあたり0.08gという意味である。

〔問1〕

いちとくんとひろこさんは，ガラス玉の密度を測定することにしました。

(1) メスシリンダーと水だけを用いて，ガラス玉の体積を測定する方法を説明しなさい。ただし，ガラス玉はメスシリンダーの中に入れることのできる大きさとします。

(2) このガラス玉が48cm³で120gだったとすると，このガラス玉の密度は何g/cm³ですか。

〔問2〕

ひろこさんは会話の中で「軽い」という言葉を使っていますが，私たちの日常生活の中では，「軽い」は「質量が小さい」と「密度が小さい」の二通りの意味で用いられています。「鉄1kgと綿1kgではどちらが軽いか」を比較した時，次の各場合で，どのような答えとなりますか。

(1) 「軽い」を「質量が小さい」という意味で用いた場合。

(2) 「軽い」を「密度が小さい」という意味で用いた場合。

〔問3〕

次の各現象について,「質量」「体積」「密度」の3語を用いて説明しなさい。

（1）コップに水と氷を入れると,氷は水に浮く。

（2）床付近の暖房で暖められた空気は,天井付近に移動する。

〔問4〕

一酸化炭素が酸素と反応すると,二酸化炭素へと変化します。いちとくんとひろこさんは,割合を変えた一酸化炭素と酸素を混合した気体30Lを点火して完全に反応させた後,元の温度に戻したとき,存在する気体の種類と体積を測定しました。その実験結果は表1の通りです。ただし,点火後については実験結果の一部を空欄としています。

表1 点火前後での気体の種類と体積の関係

点火前	一酸化炭素の体積(L)	0	5	10	15	20	25	30
	酸素の体積 （L）	30	25	20	15	10	5	0
点火後	一酸化炭素の体積(L)		0		0		15	
	酸素の体積 （L）		22.5		7.5		0	
	二酸化炭素の体積(L)		5		15		10	

（1）点火前の一酸化炭素の体積と点火後の混合気体の体積の関係を,解答用紙のグラフに書きなさい。

（2）点火前の一酸化炭素の体積と点火後の混合気体の質量の関係は,図1で表されます。これより,二酸化炭素の密度は何 g/L ですか。答えだけでなく計算式も書きなさい。

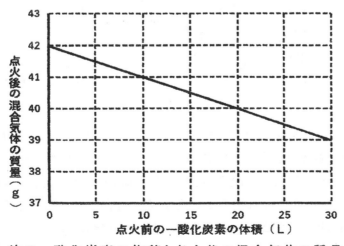

図1 点火前の一酸化炭素の体積と点火後の混合気体の質量の関係

2

【問題2】

　いちとくんとひろこさんは，学校で「ヒトの臓器のはたらきやそれらが血液を通してつながりあっていること」について調べました。ふたりの会話を読んで，あとの問いに答えなさい。

いちとくん	「ヒトには，いろいろなはたらきをもつ臓器がたくさんあるんだね。」

いちとくん　「ヒトには，いろいろなはたらきをもつ臓器がたくさんあるんだね。」

ひろこさん　「そうね。全身に血液を送り出すポンプのはたらきをする心臓とか，口から入った食べ物を取り入れる小腸とかあるわね。」

いちとくん　「口から入った食べ物が小腸に届くまでに，だ液や胃液で消化されるんだよね。」

ひろこさん　「わたし，ご飯粒の成分であるでんぷんが，だ液で消化されることを確かめる実験をしたことがあるわよ。うまく確かめることができたわ。」

いちとくん　「ところで，ぼくたちが学習した臓器のほとんどは，酸素が多い血液が流れ込む太い血管と二酸化炭素が多い血液が流れ出る太い血管がそれぞれ1本ずつつながっていたけれど，1つだけ下の図の臓器アのように太い血管が3本つながったものがあるときいたよ。」

ひろこさん　「そうよね。血管イはどうして臓器アにつながっているのかしら。その役割はなにかしらね。」

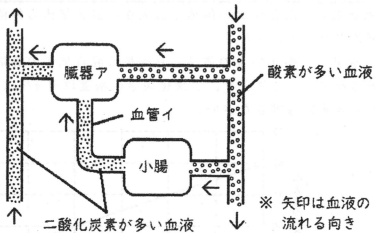

いちとくん　「さっきも言ったように，臓器には酸素が多い血液が流れ込む太い血管と二酸化炭素が多い血液が流れ出る太い血管がつながっているけれど，その逆で，二酸化炭素が多い血液が流れ込む太い血管と酸素が多い血液が流れ出る太い血管がつながっている臓器はないのかな。」

ひろこさん　「あるわよ。心臓の一部もそうだけれど，ほかにも（　ウ　）がそうよ。」

いちとくん　「ヒトの体って複雑だね。」

〔問4〕

60

80

100

120

140

150

〔問3〕

200

300

350

400

〔問3〕 | (カキク)

【問題3】

〔問1〕		cm²
〔問2〕	**表面積の求め方**	
		答え cm²

〔問3〕	抜き取った積み木の番号（小さい順）	表面積 cm²

【問題2】

〔問1〕	(1)	
	(2) 〔丸をつける〕 〔色または理由〕 　できる ・ できない	
〔問2〕		
〔問3〕	〔名前〕 〔はたらき〕	
〔問4〕		

【問題3】

〔問1〕		〔問3〕	（ 　　　　　　　　　　　　　　　　　　　　 ） 　　　　　　　　　　　　　　　　　ためよ。

〔問2〕		〔問4〕	〔実験番号〕	〔2本目の釘の位置〕
				1本目の釘から（　　　　）cm真下の位置に打つ
				1本目の釘から（　　　　）cm真下の位置に打つ

※100点満点
（配点非公表）

【問題1】

〔問1〕	(1)	
	(2)	
〔問2〕	(1)	(2)
〔問3〕	(1)	
	(2)	
〔問4〕	(1)	(2)　計算式

点火後の混合気体の体

40
35
30
25
20
15
10
5

(2)　計算式

答え _____

令和3年度

広島市立広島中等教育学校入学者選抜

適 性 検 査 2−2 解 答 用 紙

（表）

【問題1】

〔問1〕	個		
〔問2〕	【ア】 分後	【イ】 分後	70億個をこえるのは 分後
〔問3〕	考え方 		答え 回

【問題2】

〔問1〕	（ア）	（イ）	（ウ エ オ）
	「2イート，1バイト」にならない理由		「0イート，0バイト」にならない理由

令和3年度

広島市立広島中等教育学校入学者選抜

適 性 検 査 2－1 解 答 用 紙

（表）

【問題2】

〔問1〕	
〔問2〕	

100

令和3年度

広島市立広島中等教育学校入学者選抜
適性検査1 解答用紙

受 検 番 号

※100点満点
（配点非公表）

【問題1】

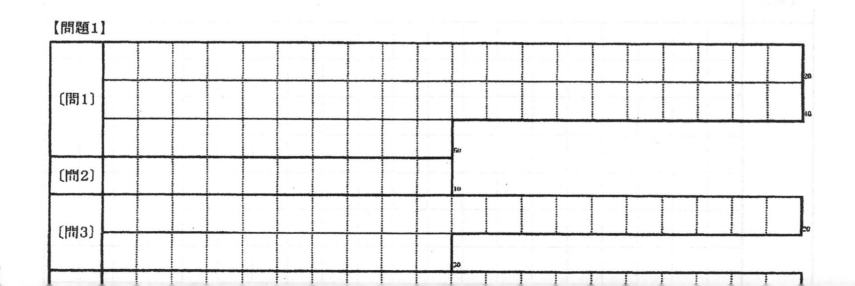

〔問1〕

　下線部について，次の(1)(2)に答えなさい。

(1) 消化とは，具体的にどのようなことが起こる反応ですか。ご飯粒の成分であるでんぷんを例にして説明しなさい。説明するとき，必ず，「でんぷん」と「小腸」の語を用いなさい。

(2) だ液による消化を確かめるために行ったひろこさんの実験は，以下のような実験です。この実験で，だ液のはたらきを明らかにすることができますか。解答用紙の「できる」「できない」のいずれかに丸をつけ，「できる」ならばそれぞれの試験管の色を答え，「できない」ならばその理由を書きなさい。

【実験】

① うすいでんぷんの液が入った試験管Aと試験管Bを準備する。

② 試験管Aには，水を加える。

③ 試験管Bには，だ液と，胃のなかの状態にするための塩酸を加える。

④ 2本の試験管を，約37℃の水を入れたビーカーにつける。

⑤ 約37℃の温度を保ちながら30分間待ち，それぞれの試験管にヨウ素液を加え色の変化をみる。

〔問2〕

　臓器アの名前を明らかにし，その名前を用いて，血管イのはたらきを書きなさい。

〔問3〕

　（　ウ　）にあてはまる臓器の名前と，そのはたらきを書きなさい。

〔問4〕

　ポンプのはたらきをする心臓には4本の太い血管がつながっています。そのうち，全身に血液を送り出す血管から枝分かれした細い血管が，心臓の表面をおおうように広がっています。この細い血管のはたらきを書きなさい。

【問題3】

　いちとくんとひろこさんは，ふりこで時間を計れるようなふりこ時計を作ろうとしています。次の会話文を読んで，あとの問いに答えなさい。

いちとくん　「ひろこさん。ふりこ時計を作るために，まずはふりこの性質を明らかにしないといけないね。」

ひろこさん　「そうね。そのためにまず，とても軽い糸とおもりと釘を使って右の図1のような装置を作って実験をしてみましょう。」

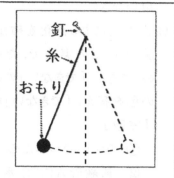

図1　ふりこ時計の見本

表1　実験の結果

実験番号	おもりの質量(g)	ふりこの長さ(cm)	ふれはば(cm)	ふりこが10往復するのにかかった時間（秒）
①	10	80	10	18
②	20	80	10	18
③	30	80	10	18
④	40	80	10	18
⑤	50	80	10	18
⑥	10	60	10	16
⑦	10	100	10	20
⑧	10	120	10	22
⑨	10	140	10	24
⑩	10	80	12	18
⑪	10	80	14	18
⑫	10	80	16	18
⑬	10	80	18	18

ひろこさん　「いちとくん。ふりこのおもりが往復するのにかかった時間が何によって決まるのかを実験してみたところ，表1のような結果になったわ。」

いちとくん　「今回の実験は3つの条件に注目したんだね。」

ひろこさん　「そうね。条件を同時にいくつも変えると，何によって結果が変わったのか分からないから，少しずつ条件を変えてみたのよ。」

いちとくん　「この結果から，ふりこのおもりが往復するのにかかった時間は何に関係しているかが読み取れるね。」

ひろこさん　「おもりの質量，ふりこの長さ，ふれはばのうち，ふりこのおもりが往復するのにかかった時間と関係があるのは（　ア　）ね。」

いちとくん　「ところで，ふりこの長さっていうのはどこからどこまでの長さなの？」

ひろこさん　「図1の（　イ　）の部分よ。」

いちとくん　「なるほど。ちなみに，おもりが往復するのにかかった時間を10往復分測ったのはなんで？1往復だといけないの？」

ひろこさん　「1往復ではなく10往復の時間を計り，平均の値を1往復の時間とすることで，（　ウ　）ためよ。」

いちとくん　「そうすることでなるべく正確に計ることができるんだね。」

〔問1〕
　　会話文の（　ア　）で，ひろこさんが答えている「ふりこのおもりが往復するのにかかった時間」と関係がある条件は何ですか。表1の中から答えなさい。

〔問2〕
　　会話文の（　イ　）で，ひろこさんがいちとくんに答えている「ふりこの長さ」とは図1のどの部分ですか。解答用紙の図に，右の図2の例にならってふりこの長さを図で示しなさい。なお，図2は点Aと点Bの2点の間の長さを図で示していますが，同じようにふりこの長さの端となる「2つの点」をはっきりと見えるように描いて長さを示しなさい。

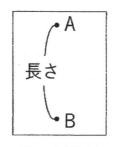

図2　解答例

〔問3〕

　会話文の（　　ウ　　）で，ひろこさんはいちとくんに，ふりこが10往復する時間を計り1往復の時間を求めることで，ストップウォッチを使って人が計測する場合でも，ふりこが1往復する時間を計るよりもできるだけ正確な時間に近い値を計ることができる理由を答えています。（　　ウ　　）に当てはまるようにその理由を書きなさい。

いちとくん　「もし，このふりこに，1本目の釘の真下に2本目の釘を打ったら，ふりこの動き方はどうなるのかな。」

ひろこさん　「さっそくやってみましょう。そうね…。ふりこの動き方が図3のようになったわ。ふりこが往復する時間が変わったわね。」

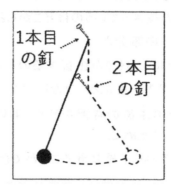

図3　ふりこの動き方

いちとくん　「面白いね。これを使うと，普通のふりこ時計とは違った動きをする時計が作れるね。2本目の釘を打つことで，ふりこが1往復する時間をちょうど2秒にすることはできないかな。」

ひろこさん　「表1の実験結果から，1本目の釘の何 cm 真下に2本目の釘を打てばよいか考えてみましょう。」

いちとくん　「ちょうど2秒となる組み合わせは2通りありそうだね。」

〔問4〕

　会話文のように，ふりこが1往復する時間をちょうど2秒にするには，表1の実験番号①～⑬の中からどの実験を選び，その選んだ実験の1本目の釘から何 cm 真下に2本目の釘を打てばよいですか。2通りとも答えなさい。ただし，釘や糸の太さ・質量の影響は受けないものとし，糸は伸びないものとして考えなさい。

令和2年度

広島市立広島中等教育学校入学者選抜

適 性 検 査 1 問題用紙

【検査にあたって】

・「始め」の合図があるまでは，開いて問題を見てはいけません。

・検査問題は，1ページから7ページまであります。

・答えは，すべて解答用紙に書きなさい。解答用紙は2枚あります。

・「始め」の合図があってから，問題用紙のページ数を確かめ，問題用紙の表紙およ
び解答用紙2枚ともに受検番号を書きなさい。

・問題用紙のページ数が足りなかったり，やぶれていたり，印刷の悪いところがあった
場合は，静かに手をあげなさい。

・「やめ」の合図があったら，筆記用具を置き，机の中央に，問題用紙，解答用紙（2
枚目），解答用紙（1枚目）の順に（表）を上にして置きなさい。

・この検査の時間は，40分間です。

・問題用紙は，持ち帰ってはいけません。

・文章で答える問題は，句読点や記号も1字と数えます。

♯教英出版 編集部 注
編集の都合上、解答用紙は表裏1枚にまとめてあります。

受 検 番 号

【問題1】

　ひろしくんとまちこさんは校外学習で広島市の平和記念公園を訪れました。下の会話はひろしくんとまちこさんの会話です。会話を読んであとの問いに答えなさい。

ひろしくん	「平和記念公園には外国から来たお客さんがたくさんいたね。緊張^{きんちょう}したけど，平和についてどう思っているかをきちんとインタビューできたと思う。まちこさんは？」
まちこさん	「うん！外国人に話しかけるのも難しくなかったね。」
ひろしくん	「そういえば先生が，最近は日本を訪れる外国人旅行客が増えていると社会の授業で言っていたよ。」
まちこさん	「へえー。どれくらい増えてきているのかしら。逆に外国に行く日本人の数はどうだろう？」
ひろしくん	「気になるね。調べてみようよ。」

　その後，ひろしくんとまちこさんは図書館へ行き，〈資料１・２〉を見つけました。

〈資料１〉『訪日外国人旅行者数*¹・出国日本人数の推移*²』

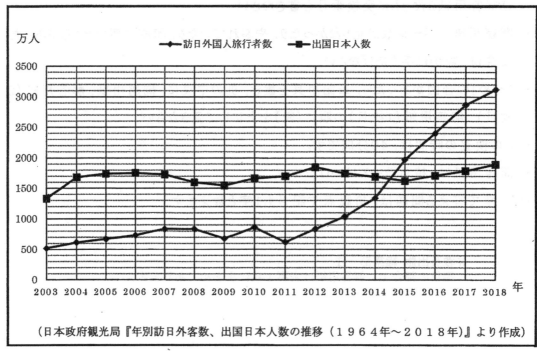

（日本政府観光局『年別訪日外客数、出国日本人数の推移（１９６４年〜２０１８年)』より作成）

＊１　訪日外国人旅行者数…海外から日本を訪れた外国人旅行者の数
＊２　出国日本人数…日本から海外へ出た日本人の数

〈資料２〉　　『広島市の訪日外国人旅行者数の推移』

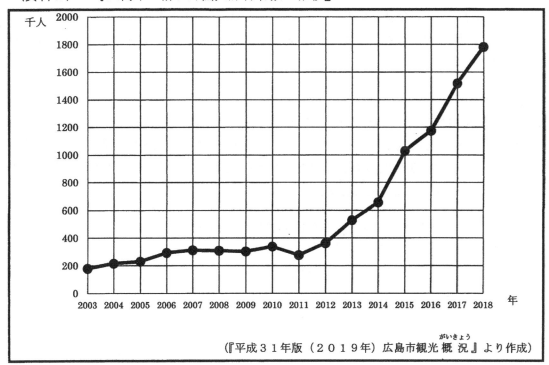

(『平成３１年版（２０１９年）広島市観光概況』より作成)

ひろしくん	「２０１４年までは（　　　Ａ　　　）数の方が多かったんだね。２０１２年の段階では，（　　　Ａ　　　）数の方が２倍以上多かったのに，２０１５年には逆転しているよ。」
まちこさん	「訪日外国人旅行者数は増え続けて，２０１７年段階で２８６９万人だって！」
ひろしくん	「ちなみに２０１７年の広島市の訪日外国人旅行者数は１５２万人だったらしいよ。」
まちこさん	「つまり，２０１７年の訪日外国人旅行者の（　　　Ｂ　　　）％の人が広島市を訪れているのね。」
ひろしくん	「〈資料２〉を見ると，広島市は２０１１年以降から訪日外国人旅行者が急激に増えてきたことがわかるね。ところで，広島市を訪れる外国人旅行者はどこからやって来ている人が多いのだろう。」
まちこさん	「うーん。きっといろいろな地域からやって来ているよね。どの地域からたくさん外国人旅行者がやって来ているか調べてみようよ。」
ひろしくん	「いいね。」

〔問1〕

　　〈資料1〉をもとに会話文中の（　　A　　）にあてはまる言葉を書きなさい。また，（　　B　　）に適切な数字を書きなさい。ただし，（　　B　　）に関しては小数第2位を四捨五入して小数第1位までにすること。

〔問2〕

　　まちこさんは広島市を訪れる外国人旅行者の出身地域について調べ，下の〈資料3〉のような表を見つけました。〈資料3〉を参考にして，広島市を訪れる外国人旅行者の出身地域を比べてわかることを50字以上60字以内で書きなさい。ただし，.広島市と日本の訪日外国人旅行者の出身地域の共通する点と異なる点についてとりあげて書くこと。

〈資料3〉　　『広島市と日本の訪日外国人旅行者の出身地域別の割合
　　　　　　　（平成３０年（２０１８年））』

地域	広島市（%）	日本（%）
アジア	３６．２	８５．８
南北アメリカ	２２．７	６．６
アフリカ	０．３	０．１
ヨーロッパ	２９．２	５．５
オセアニア	１１．６	２．０

（『平成３１年版（２０１９年）広島市観光概況』より作成）

　　〈資料3〉を見ながら，ひろしくんとまちこさんは話をしています。

ひろしくん	「いろいろな地域から外国人旅行者は広島市にやってきているのだね。」
まちこさん	「ちょっと待って。いろいろな地域からやってきているということは，いろいろな国の言葉を話す人がいるということだよね。」
ひろしくん	「たしかに。そういえば，今日外国人へインタビューをした時も学校で練習してきた英語が通じなくて困ったことがあったな。」
まちこさん	「それは困ったね。その時はどうしたの？」
ひろしくん	「何とか身ぶり手ぶりで伝えたよ。だから，言葉が通じないというのは外国人旅行者からしてもかなり困ると思うな。」
まちこさん	「うーん。何かいい方法はないかな。」
ひろしくん	「そうだ。今日インタビューをした外国人の中に広島市の観光パンフレットを持っていた人がいたんだ。」
まちこさん	「へえ。そのパンフレットはどんなものなの？」
ひろしくん	「日本語が話せない外国人旅行者でも，言いたいことを私たちに伝えることができる工夫がしてあったんだ。」
まちこさん	「すごい。そのパンフレット見てみたいな。探してみよう。」

ひろしくん 「もっと電気の使用量を節約できないかな。目標をちょうど600キロワ
　　　　　　　ット時減らすことにしよう。照明器具だけじゃなくて，他にも節約でき
　　　　　　　るところがないかな。」
まちこさん 「テレビの電気の使用量を減らすことを考えてみようよ。」
ひろしくん 「では，テレビの電気の使用量を30％以上減らすようにしよう。照明
　　　　　　　器具のうち何％をLED照明に付けかえて，テレビの電気の使用量
　　　　　　　を何％減らせば目標が達成できるかな。」
まちこさん 「うーん，小数となる答えを考えると複雑だから，整数となる答えだけ
　　　　　　　考えることにしない？」
ひろしくん 「よし，じゃあ計算してみよう。」

〔問3〕
　　ひろしくんの家で，1年間の電気の使用量をちょうど600キロワット時節約する
ためには，照明器具のうち何％をLED照明に付けかえ，テレビの電気の使用量
を何％減らせばよいか，整数となる答えを書きなさい。
　　ただし，テレビの電気の使用量は30％以上減らし，照明器具はすべて蛍光灯
が使われていたとします。答えは何通りかありますが，その1つを書きなさい。

4

【問題3】

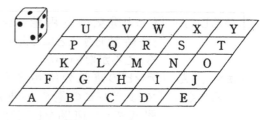

ひろしくんといちとくんが, 図1のような
シート上でサイコロを転がしています。
シートの1マスとサイコロ1面の大きさは
同じで, サイコロの向かい合う目の和は
どれも7です。

図1

下の会話はひろしくんといちとくんの会話です。会話を読んであとの問いに答えな
さい。

ひろしくん 「サイコロを転がすルールを決めよう。」

いちとくん 「10円硬貨を投げて, 表が出たら右方向に裏が出たら後方向に転がす
ことにしよう。」

ひろしくん 「では, Aの位置に図2のように上の面が1, 前の面が2になるようにサイコ
ロを置くね。」

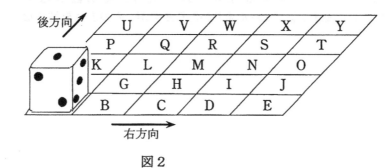

図2

いちとくん 「10円硬貨を2回投げて, 順に表裏が出たら, サイコロはA→B→Gと転
がりながら進んで G の位置にくるね。そのとき, サイコロの上の面は2だ
ね。」

ひろしくん 「でも, 10円硬貨が裏表の順に出たら, サイコロはA→F→Gと転がりな
がら進んで G の位置にくるね。このとき, サイコロの上の面は4だね。」

いちとくん 「そうだね。移動した位置は同じでも, 10円硬貨の表と裏の出方によっ
て行き方が違うから, 上の面の数字も違うね。」

ひろしくん 「サイコロをAの位置にもどして, 図2の状態にするよ。今度は, 10円硬
貨を5回投げよう。10円硬貨が順に, 表表裏表裏と出たら移動した後
のサイコロはどうなるかな。」

5

〔問1〕
　10円硬貨を5回投げて，順に表表裏表裏と出たとき，移動させたサイコロの位置をA〜Yの記号で書きなさい。また，そのときのサイコロの上の面の目の数字を書きなさい。

ひろしくん　「サイコロをAの位置にもどして，図2の状態にするよ。」

いちとくん　「ところで，Gの位置にサイコロが到達する方法は，10円硬貨が表裏の順に出る場合と裏表の順に出る場合の2通りあったね。」

ひろしくん　「じゃあ，Rの位置にサイコロが到達する方法は，何通りあるかな。」

〔問2〕
　Rの位置にサイコロが到達する方法は全部で何通りあるのか書きなさい。

ひろしくん　「サイコロをAの位置にもどして，図2の状態にするよ。別の場合をやってみよう。」

いちとくん　「わかった。じゃあ，10円硬貨を投げてみるね。」

　10円硬貨は，1回目が表，2回目が表，3回目が裏，4回目が表，5回目が表となりました。

いちとくん　「あれ，最初サイコロがAの位置にあるとき，上の面が1だよね。この順でサイコロを転がしていくと，上の面には最初から5回目までに1〜6の目が全部出るね。」

ひろしくん　「本当だ！上の面の数字は，Aの位置から順に，1→4→6→2→3→5だね。」

いちとくん　「5回の移動で1〜6の目が出る方法は，きっと他にもあるよね。」

ひろしくん　「最初の上の面は1だから，最後の上の面は6になるといいね。」

〔問3〕
　10円硬貨を5回投げてサイコロを移動させたとき，上の面に1〜6の目がすべて出て，なおかつ最後に6の目が出る方法がいくつかある。その中の1つについて，上の面の数字をAの位置から順に書きなさい。

6

令和2年度

広島市立広島中等教育学校入学者選抜

適 性 検 査 2−1 問題用紙

【検査にあたって】

・ 「始め」の合図があるまでは，開いて問題を見てはいけません。

・ 検査問題は，1ページから6ページまであります。

・ 答えは，すべて解答用紙に書きなさい。

・ 「始め」の合図があってから，問題用紙のページ数を確かめ，問題用紙の表紙および解答用紙に受検番号を書きなさい。

・ 問題用紙のページ数が足りなかったり，やぶれていたり，印刷の悪いところがあった場合は，静かに手をあげなさい。

・ 「やめ」の合図があったら，筆記用具を置き，机の中央に問題用紙，解答用紙の順に（表）を上にして置きなさい。

・ この検査の時間は，40分間です。

・ 問題用紙は，持ち帰ってはいけません。

【問題1】

　学校で，日本の白地図を都道府県別に異なる色でぬることになりました。
　下の会話はひろしくんとまちこさんの会話です。会話を読んであとの問いに答えなさい。

ひろしくん「簡単にできそうだね。でもただやるだけではおもしろくないから，工夫してぬってみたいな。」

まちこさん「47色を使ってぬるのではなく，なるべく少ない種類の色でぬるのはどう？」

ひろしくん「それはおもしろそうだね。ただ都道府県が分かるようにしたいから，となりあっているときは色を変えないといけないね。」

まちこさん「となりあっているときに色を変えるので，例えば，右の図1のようなときは2色にぬることになるね。とりあえず，中国地方の5つの県をぬってみようか。」

青	赤
赤	青

図1

ひろしくん「そうだね。難しくなるから，島や＊飛び地があっても考えないことにしようね。」

　＊飛び地‥‥‥ある府県の土地が，他の府県の中の離れた場所にあること。

〔問1〕
　　下の中国地方5県をできるだけ少ない種類の色でぬるとき，何種類の色が必要か書きなさい。ただし，となりあっている県は違う色でぬるものとします。

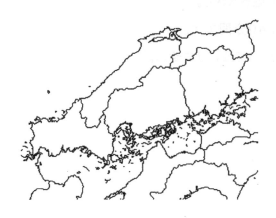

（帝国書院，「日本の白地図」より作成）

1

Ｋ教英出版　　【適

ひろしくん 「中国地方だけだと簡単だね。次はどの地方をぬろうかな・・・」

まちこさん 「となりの近畿地方にしようよ。近畿地方は何種類の色が必要かな？」

ひろしくん 「どことどこが同じ色になるのかも知りたいよね。」

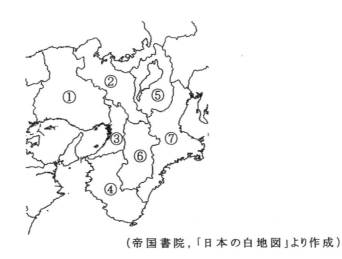

（帝国書院,「日本の白地図」より作成）

〔問2〕

近畿地方をできるだけ少ない種類の色でぬるとき, 何種類の色が必要か書きなさい。また, 上の図に示した①～⑦の番号で同じ色になる組合せを書きなさい。

ひろしくん 「思っていたより少ない種類の色でぬることができるね。もし, どこかの府県の中に線を1本引き, 2色でぬると色の種類は増えることがあるのかな？」

まちこさん 「例えば・・・となりあっている府県の数が多い⑥の中に線を1本引き, 2色でぬったとしたら, 色を1種類増やすことはできるかな？」

ひろしくん 「白地図がもう1枚あるので, 線を引いてぬりなおしてみるよ。」

〔問3〕

近畿地方をできるだけ少ない種類の色でぬったとき, それによりぬる色が〔問2〕のときより1種類増えるように, 解答用紙の⑥の中に1本の線を書きなさい。ただし, ⑥を2つに分ける線で, ぬる色が1種類増える線の引き方は何通りかありますが, その1つを書きなさい。

【問題2】

　次の表はひろしくんの家で使われる1年間の電気の使用状況を，割合で表したものです。この表を見ながら，ひろしくんとまちこさんが電気の使用量の節約について話をしています。

　下の会話を読んであとの問いに答えなさい。

	照明器具	冷蔵庫	エアコン	テレビ	その他
ひろしくんの家で使われる1年間の電気の使用量全体に対する割合（％）	20	18	13	11	38

> まちこさん　「冷蔵庫の全体に対する割合って思っていたよりも高いのね。」
> ひろしくん　「そうそう。冷蔵庫だけで，1年間で1080キロワット時の電気を使っているそうだよ。」
> まちこさん　「電気の使用量はキロワット時という単位を使うのね。私は冷蔵庫よりエアコンの方が電気の使用量が多いと思っていたけれど，違うのね。」

〔問1〕
　エアコンの1年間の電気の使用量は，何キロワット時か書きなさい。

> ひろしくん　「その他を除くと，照明器具がもっとも多く電気を使っているんだな。どうやったら照明器具が使う電気の使用量を節約できるかな。」
> まちこさん　「*LED照明は蛍光灯に比べて電気の使用量を60％節約できるそうよ。」
> ひろしくん　「それはすごいね。そういえば，ぼくの家の照明器具はすべて蛍光灯が使われていたな。その一部をLED照明に付けかえたらどのくらい節約できるか考えてみよう。」

　＊LED照明・・・発光ダイオードを使った照明器具。蛍光灯に比べて，消費する電力が少ない。

〔問2〕
　ひろしくんの家で，照明器具のうち30％だけLED照明に付けかえます。そのとき，照明器具の1年間の電気の使用量は何キロワット時になるか，考え方もあわせて書きなさい。ただし，照明器具はすべて蛍光灯が使われていたとします。

3

〔問3〕

　会話文中の下線部「日本語が話せない外国人旅行者でも，言いたいことを私たちに伝えることができる工夫がしてあったんだ。」とありますが，〈資料4〉はその観光パンフレットの一部です。この観光パンフレットを外国人旅行者はどのように利用したと考えられますか。この観光パンフレットの工夫している点を具体的にとりあげて，50字〜60字で書きなさい。

〈資料4〉　　『広島市が発行している観光パンフレットの一部』

(Inside Hiroshima[英語版]より作成)

4

【問題2】

次の文章を読んで，あとの問いに答えなさい。

2020(R2) 広島市立広島中等教育学校

K 教英出版

＊1　カテゴリー…範疇。同じ種類のものの所属する部類・部門の意。

＊2　トップス…上半身に着る衣服。

＊3　ボトムス…下半身に着る衣服。

『人生がときめく片づけの魔法改訂版』近藤麻理恵　著　河出書房新社　2019年より作成

〔問1〕

　　文章中の X に入る言葉を，3字で書きなさい。

〔問2〕

　　次の2つの文は，文章で述べられている片づけの考え方のうち，著者がすすめる方法と，

　すすめない方法をそれぞれまとめたものです。以下の A ・ B に当てはまる言葉を，文章

　中からそれぞれ3字で抜き出して書きなさい。

　　著者がすすめる方法… A で判断する。
　　著者がすすめない方法… B に捨てはじめる。

〔問3〕

　　この文章の著者の名前にちなんだ片づけ方法である「こんまりメソッド」を，他の人にすすめ

　る文章を，次の条件に合わせて書きなさい。

　　条件1　「こんまりメソッド」の良い点がわかるように書くこと。

　　条件2　本文にある別の片づけ方法と比べて書くこと。

　　条件3　140字以上180字以内にまとめて書くこと。

〔問4〕

　あなたは，学校に筆箱Aと筆箱Bの２つを持って行っているとします。２つともこれ以上入らない状態になっています。毎日学校に２つ持って行くのは大変なので，筆箱Aだけを持って行くことにしようと考えました。２つの筆箱の中身を整理するときに，「こんまりメソッド」にしたがって机の上で片づけるとすると，どのような手順で片づければよいでしょうか。①・②については，一文で説明し，③～⑧についてはア～スの記号を書きなさい。１つの□に記号をいくつ入れてもかまいません。

筆箱A：ア　親友にもらったいい匂いの消しゴム
　　　　イ　目盛りが薄くなっているけれどデザインのよいものさし
　　　　ウ　ＨＢの長い鉛筆　　　　　　　　エ　２Ｂの短い鉛筆
　　　　オ　親友にもらった青ボールペン　　カ　普通の赤ボールペン
　　　　キ　刃の部分が長いハサミ
筆箱B：ク　ＨＢの短い鉛筆　　　　　　　　ケ　収納しやすい小さなハサミ
　　　　コ　プラスチックの普通のものさし　サ　３色ボールペン
　　　　シ　安いけれどよく消える消しゴム　ス　２Ｂの長い鉛筆

《手順》
1　「　①　」と決めて，机の上に筆箱Aと筆箱Bを持って来る。
2　　　②
3　５つのトレー（整理のために用いる浅い箱）があったので，トレー1（　③　）トレー2（　④　）トレー3（　⑤　）トレー4（　⑥　）トレー5（　⑦　）に分ける。
4　結局，筆箱Aに入れたのは　　　⑧　　　である。

〔問5〕

　〔問4〕で，あなたが筆箱Aに入れたモノは，入れなかったモノと比べ，どのような点が「ときめくモノ」だったのですか。比べる「モノ」を一種類取り上げ，解答欄に合う形で書きなさい。ただし，【　】の中にはア～スの記号を入れなさい。

解答欄：【　】を入れずに【　】を入れた方が　　　　　　　　　と思うからです。

2020(R2) 広島市立広島中等教育学校
Ｋ教英出版

令和2年度

広島市立広島中等教育学校入学者選抜

適 性 検 査 2－2 問題用紙

受 検 番 号

【問題1】

　いちとくんとひろこさんは,ものを燃やしたときの気体の変化について調べています。下の会話はいちとくんとひろこさんの会話です。会話を読んで,あとの問いに答えなさい。

いちとくん	「空気は,異なった気体どうしが混ざりあっているよね。そういう気体を,混合気体というんだ。」
ひろこさん	「くわしいわね。」
いちとくん	「それに,その混合気体に含まれる気体の種類とその割合のことを組成というんだよ。」
ひろこさん	「そうなんだ。それで,今日はどんな実験をするの。」
いちとくん	「組成が,ちっ素80%,酸素20%の混合気体をとじこめた集気びんに,燃焼さじで火のついたろうそくを入れて,ふたをするという実験をしてみるよ。(図)」
ひろこさん	「どのようになるかな。」
いちとくん	「今から火のついたろうそくを入れてみるよ。」
ひろこさん	(しばらくして・・・)「ろうそくの火が消えたわ。なにが起きたのかしら。混合気体の組成には変化はあったのかな。」
いちとくん	「混合気体の組成が,ちっ素80%,酸素15%,二酸化炭素5%に変わったよ。」(ただし,ろうそくが燃えることによって生じた水は混合気体にふくめないものとします。)
ひろこさん	「酸素が減って,二酸化炭素ができたのね。ところで,その二酸化炭素を確認する方法はあったかな。」
いちとくん	「うん,集気びんの中に(Ａ)を入れると確認できるよ。」

図の説明: ふた, 集気びん, ろうそくの火, 燃焼さじ
図　実験のようす

〔問1〕
　(Ａ)に入る言葉を書きなさい。また,(Ａ)を集気びんの中に入れた場合,(Ａ)はどのように変化するでしょうか。

【適

〔問2〕

いちとくんは，ろうそくの火が消えた原因として，次の2つの予想を立てました。

番号	予想の内容	混合気体の組成
予想1	二酸化炭素が5％以上で火が消える。	①
予想2	②	ちっ素85％，酸素15％

　その予想を確かめるために，ある組成の混合気体をとじこめた集気びんに，火のついたろうそくを入れ，ろうそくの火がすぐに消えるかどうかを確かめました。

（1）　①にあてはまる混合気体の組成を書きなさい。ただし，ちっ素，酸素，二酸化炭素の中から2種類の気体だけを使用するものとします。

（2）　②のいちとくんのもう1つの予想の内容を，予想1を参考にして，1文で書きなさい。

〔問3〕

　いちとくんの予想のうち，予想1が正しいとします。組成がちっ素85％，酸素15％の混合気体をとじこめた集気びんに，火のついたろうそくを入れたとき，ろうそくの火が消えた後の混合気体の組成はどのようになるかを書きなさい。

〔問4〕

　ちっ素と酸素からなる混合気体をとじこめた集気びんに，火のついたろうそくを入れ，ろうそくを入れる前の酸素の割合と，ろうそくの火が消えた後の二酸化炭素の割合を調べました。このとき，ろうそくを入れる前の酸素の割合を0〜30％まで変えながら実験をおこないました。いちとくんの予想2が正しいとして，ろうそくを入れる前の酸素の割合と，ろうそくの火が消えた後の二酸化炭素の割合との関係を，解答用紙のグラフに書きなさい。

〔問5〕

　科学的な研究では，「予想を立て，実験を行い，得られた結果から予想を確かめる」という手順が多くの場合にみられます。このような手順をふまえた研究で，最も大切なことは何だと思いますか。「実験結果」という言葉を用いて，あなたの考えを15〜20字で書きなさい。

【問題2】

　いちとくんとひろこさんは，学校で心臓(しんぞう)や血液(けつえき)の流れについて学習しました。学習後のふたりの会話を読んで，あとの問いに答えなさい。

いちとくん	「人やメダカのからだのすみずみにまで，血管がはりめぐらされているんだ。」
ひろこさん	「そうね。心臓が強い力でちぢむことで血液が心臓から血管に送り出されるから，全身にゆきわたりやすくなるのね。」
いちとくん	「血液が心臓にもどってくるときには，血液の流れもずいぶんと勢いがなくなってくるんだろうね。」
ひろこさん	「じゃあ，心臓に直接つながっている血管を考えると，心臓から送り出される血液を流している血管と，心臓へもどってくる血液を流している血管とでは，つくりもちがうのかな。」

　そこで，これらの2つの血管のつくりを調べてみると，図1のようになっていることがわかりました。なお，血管 b には血液が流れる部分に，血液の逆流を防ぐ仕組みがありますが，図1には表されていません。

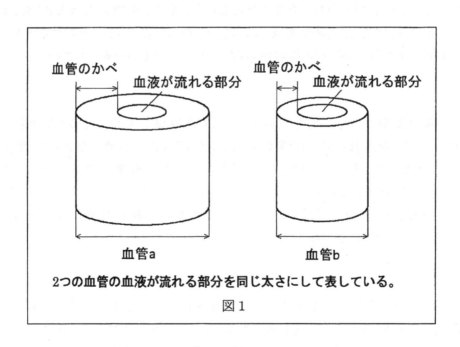

2つの血管の血液が流れる部分を同じ太さにして表している。

図1

〔問1〕

　　いちとくんとひろこさんの会話と図1に表されたことがらから，次の(1)と(2)に答えなさい。

　　(1)　心臓から送り出される血液を流す血管は，図1の血管aと血管bのいずれであるかを書きなさい。

　　(2)　(1)の血管を選んだ理由をもう一方の血管と比べて書きなさい。

〔問2〕

　　その後，いちとくんとひろこさんはけんび鏡を使って，メダカの尾びれの血管を観察しました。次の(1)と(2)に答えなさい。

　　(1)　けんび鏡観察においては，対物レンズがメダカから遠ざかるようにして，ピントを合わせます。その理由を20～30字で書きなさい。

　　(2)　この観察では，メダカを直接に観察するのではなく，水が入った小袋にメダカを入れて観察しました。その理由をメダカが体内に酸素を取り込む方法と関連させて書きなさい。

【問題3】

　図1は，ある川の中流付近の写真です。いちとくんとひろこさんは，まず，川の曲がった場所に行き，内側付近（図1の⒜）の水底と，外側付近（図1の⒝）の水底で，土砂の様子を観察しました。ふたりの会話を読んで，あとの問いに答えなさい。

いちとくん	「川の曲がった場所の⒜と⒝では，水底にある土砂の様子は同じなのかな？（図1）」
ひろこさん	「⒜と⒝では，水の流れがちがうので，水底の土砂の様子も，⒜と⒝で，ちがうと思うわ。」
いちとくん	「なるほどね。水の流れがちがうと，水底の土砂の様子もちがうんだね。それじゃあ，水の流れがちがう別の場所でも，水底の土砂の様子を観察してみようよ。」
ひろこさん	「そうね。じゃあ，今度は，河口付近で，水底の土砂の様子を観察してみましょう。」

図1　川の中流付近（曲がった場所）

　次に，いちとくんとひろこさんは，この川の河口付近の水底で，同じように土砂の様子を観察しました。図2は，そのときの河口付近の断面の様子を示しています。そして，水底の土砂を，粒の大きさによって，Ⓒ～Ⓔの3つの種類に分けました。
　ただし，この地域では，土地の状態が大きく変わるような大きな地震などは，起こっていないものとします。

【適

〔問3〕

30
45
60

15
30
45
60

②			
③		④	
⑤		⑥	
⑦			
⑧			

〔問5〕　【　　】を入れずに　【　　】を入れた方が

と思うからです。

考え方

〔問3〕

照明器具のうち（　　　　　）%をLED照明に付けかえ，テレビの電気の使用量を（　　　　　）%減らせばよい

【問題3】

〔問1〕

サイコロの位置（　　　　　）　　　　　サイコロの上面（　　　　　）

〔問2〕

通り

〔問3〕

1→（　　　）→（　　　）→（　　　）→（　　　）→6

	1								10										20
〔問2〕 (1)									30										

| 〔問2〕
(2) | |

【問題3】

	(記号)	理由
〔問1〕		
〔問2〕		

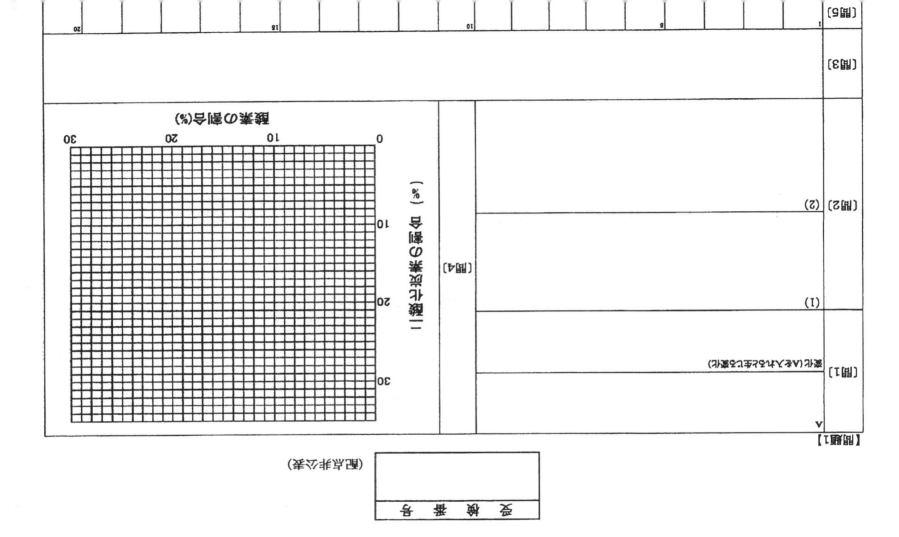

令和２年度

広島市立広島中等教育学校入学者選抜

適性検査 ２－２ 解答用紙

（表）

受　検　番　号

（配点非公表）

【問題1】

〔問1〕

色

〔問2〕

色

同じ色の組合せ

〔問3〕

【問題2】

〔問1〕

キロワット時

〔問2〕

令和2年度

広島市立広島中等教育学校入学者選抜

適 性 検 査 2−1 解 答 用 紙

（表）

受　検　番　号

【問題2】

〔問1〕

〔問2〕

A			
B			

〔問3〕

令和2年度

広島市立広島中等教育学校入学者選抜

適 性 検 査 1 解 答 用 紙

受 検 番 号

（配点非公表）

【問題1】

〔問1〕

A

B

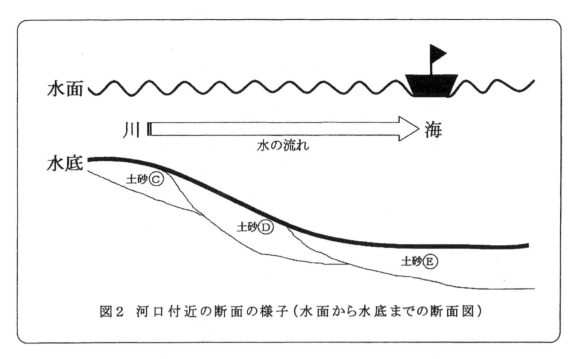

図2　河口付近の断面の様子（水面から水底までの断面図）

〔問1〕

　図1のような川の曲がった場所において，Ⓐ側の水底の土砂とⒷ側の水底の土砂の大きさを比べたとき，より小さな粒の土砂がたい積するのは，ふつう，ⒶとⒷのどちら側ですか。また，図2のような河口付近において，より小さな粒の土砂がたい積するのは，ふつう，土砂Ⓒ～Ⓔのどこですか。図1と図2に関して，最も正しい組み合わせを，次のア～カから1つ選んで，記号を書きなさい。

　また，そのように答えた理由を，水の流れと土砂の粒の大きさを関連づけて，書きなさい。

	（図1;中流付近） Ⓐ側とⒷ側の水底を比べたとき， より小さな粒の土砂がたい積する所	（図2;河口付近） 土砂Ⓒ～Ⓔを比べたとき， より小さな粒の土砂がたい積する所
ア	Ⓐ側の水底	土砂Ⓒ
イ	Ⓑ側の水底	土砂Ⓒ
ウ	Ⓐ側の水底	土砂Ⓓ
エ	Ⓑ側の水底	土砂Ⓓ
オ	Ⓐ側の水底	土砂Ⓔ
カ	Ⓑ側の水底	土砂Ⓔ

川での観察を終えたいちとくんとひろこさんは，学校に帰り，『土砂の粒の大きさ』と『水が流れる速さ』の関係について，さらに詳しく調べることにしました。そこで，板の上に，粒の大きさが10mm，9mm，8mm，・・・の土砂をそれぞれ置き，粒の大きさごとに，流れる水の速さを変化させながら，それぞれの粒が動き始めるときの水の速さと，流れていた粒が止まるときの水の速さを調べました。図3は，その時の結果を表したグラフです。曲線1は，水底に止まっていた土砂の粒の大きさと，その粒が動き始めるときの水の速さの関係を表しています。また，曲線2は，水中を流れていた土砂の粒の大きさと，その粒が止まるときの水の速さの関係を表しています。そして，図3の㋐～㋒の3つの範囲は，曲線1と曲線2によって分けられている範囲を示しています。

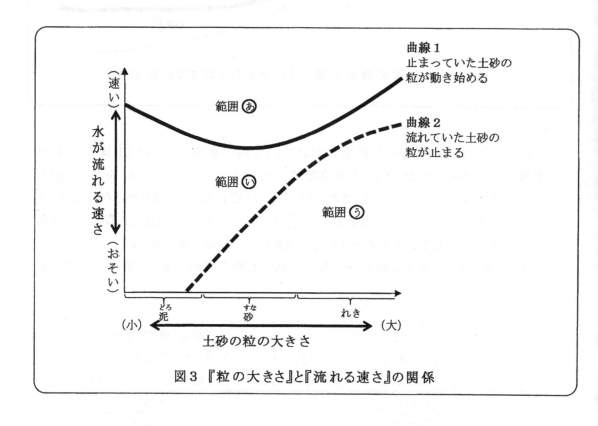

図3　『粒の大きさ』と『流れる速さ』の関係

【適

〔問2〕

　図3を参考にして，次のア〜カのうち正しい文はどれですか。当てはまるものを
すべて選び，記号を書きなさい。

ア　2mm以上の大きな土砂は，水が流れる速さに関わらず，たい積してしん食^{しょく}
　　されません。

イ　範囲◎では，水底を作っている土砂は，けずられません。

ウ　流れている土砂が，たい積していくのは，範囲あです。

エ　流れている土砂がたまることなくそのまま流れていくのは，範囲あと◎です。

オ　範囲あでは，しん食と運^{うん}ぱんが起こっています。

カ　図3から考えると，水底で地面を作っている泥^{どろ}・砂^{すな}・れきのうち，一番おそい
　　水の流れでけずられて，しん食されやすい土砂は，泥です。

8